VENDIENDO EN POSITIVO

Profit Editorial, sello editorial de referencia en libros de empresa y management. Con más de 400 títulos en catálogo, ofrece respuestas y soluciones en las temáticas:

- Management, liderazgo y emprendeduría.
- Contabilidad, control y finanzas.
- Bolsa y mercados.
- Recursos humanos, formación y coaching.
- Marketing y ventas.
- Comunicación, relaciones públicas y habilidades directivas.
- Producción y operaciones.

E-books:
Todos los títulos disponibles en formato digital están en todas las plataformas del mundo de distribución de e-books.

Manténgase informado:
Únase al grupo de personas interesadas en recibir, de forma totalmente gratuita, información periódica, newsletters de nuestras publicaciones y novedades a través del QR:

Dónde seguirnos:

 | @profiteditorial

Profit Editorial

Ejemplares de evaluación:
Nuestros títulos están disponibles para su evaluación por parte de docentes. Aceptamos solicitudes de evaluación de cualquier docente, siempre que esté registrado en nuestra base de datos como tal y con actividad docente regular Usted puede registrarse como docente a través del QR:

Nuestro servicio de atención al cliente:
Teléfono: **+34 934 109 793**
E-mail: **info@profiteditorial.com**

Marcos Álvarez

VENDIENDO EN POSITIVO

La venta centrada en soluciones

PROFIT
editorial

Todas las publicaciones de Profit están disponibles para realizar ediciones personalizadas por parte de empresas e instituciones en condiciones especiales.

Para más información, por favor, contactar con: info@profiteditorial.com.

Todos los derechos reservados
© Marcos Álvarez, 2025
© Profit Editorial I., S.L. 2025
Primera edición: Abril 2025

Impresión: Gráficas Rey
Impreso en España / Printed in Spain

ISBN: 978-84-10235-78-6
Depósito legal: B 1330-2025

© Diseño y maquetación: Sonia Sáez | https://conlamentexlasnubes.es
© Diseño de cubierta: XicArt

Fotos: Freepik
Todos los iconos están creados por Gregor Cresnar desde The Noun Project.

Para todas las personas positivas, que no se conforman con ver el vaso medio lleno y trabajan para llenarlo, y para Bastián, Dulce, Iyán y Sira, que hacen que mi vaso esté siempre hasta el borde.

Si quieres vender sin problemas, concéntrate en buscar soluciones.

ÍNDICE

 1. Propósito: Para qué vender en positivo 11
Conoce el rumbo antes de comenzar a vender, o cómo descubrir un propósito claro para que las ventas no sean solo números, sino una experiencia que guíe a los equipos hacia el éxito y el sentido compartido.

 2. Positividad: La venta medio llena 19
Ver el vaso medio lleno en las ventas, o cómo un enfoque positivo no solo mejora la actitud de los vendedores, sino que también fomenta la creatividad, la resiliencia y la construcción de relaciones duraderas con los clientes.

+ Tool 1: *Rapport* 48

+ Tool 2: Del problema a la meta 50

+ Tool 3: Escuchar en positivo 52

+ Tool 4: El modelo SOAR 54

9

 3. Enfoque: Buscando soluciones 57
Centrarse en las soluciones para avanzar, o cómo el enfoque centrado en soluciones permite a los equipos descubrir oportunidades, donde otros solo ven dificultades, para convertir los problemas en retos y aprendizajes.

+ Tool 5: Escudo de valores 86

+ Tool 6: Viaje del héroe 88

+ Tool 7: Carta desde el futuro 90

+ Tool 8: La ventana de Johari 92

4. Objetivos: Dónde queremos llegar 95

Saber lo que queremos ser, hacer y conseguir, o cómo definir objetivos claros y positivos para que cada esfuerzo en ventas tenga un propósito más allá de los números y fomente el compromiso y la dirección dentro del equipo.

+ Tool 9: Árbol de objetivos 124

+ Tool 10: Objetivos compartidos 126

+ Tool 11: Definición del propósito 128

+ Tool 12: Objetivos y acciones 130

5. Método: La venta centrada en soluciones 133

Aplicando el enfoque centrado en soluciones a las ventas, o cómo transformar el liderazgo y la gestión de equipos de ventas a través de un modelo de trabajo basado en la confianza, la delegación y la identificación de fortalezas, generando entornos de trabajo positivos y productivos.

+ Tool 13: Pregunta de escala 162

+ Tool 14: Creación de competencias 164

+ Tool 15: El milagro hecho realidad 166

+ Tool 16: La técnica EARS 168

6. Acción: Haciendo camino al andar 171

El verdadero cambio comienza al actuar, o cómo llevar a la práctica los pequeños pasos que acercan a los equipos de ventas a sus objetivos, dejando de lado los debates irrelevantes para centrarse en la acción inmediata y el progreso.

+ Tool 17: La fórmula del cambio 200

+ Tool 18: Seguimiento de acciones 202

+ Tool 19: *Feedback* no violento 204

+ Tool 20: Las habitaciones del cambio 206

1. Propósito
Para qué vender en positivo

No hay viento favorable para quien no sabe dónde va.

Séneca

UN NUEVO *RETAIL*

Cuando, a finales de los años 90, comenzaba mi andadura profesional en el sector *retail*, trabajar en una tienda era una experiencia muy diferente a lo que es hoy en día. Imagina a un vendedor en una tienda de electrodomésticos en 1998. Su día a día se centraba en interactuar cara a cara con los clientes que entraban en la tienda buscando televisores, lavadoras o equipos de sonido. Este vendedor tenía un conocimiento básico de los productos que vendía, aprendido a través de manuales, capacitación inicial y, en gran medida, su propia experiencia. Su objetivo principal era cerrar ventas, la mayoría de las cuales se realizaban en la tienda, por lo que pasaba su tiempo conversando con los clientes, respondiendo preguntas y destacando las características básicas de los productos. Las ventas se computaban en cajas registradoras simples, y cualquier información relevante se anotaba en papel o en sistemas rudimentarios de gestión.

Sus motivaciones principales eran alcanzar su objetivo de ventas mensual, la estabilidad de su trabajo y las comisiones que podía ganar, lo cual dependía de su habilidad para vender. Las herramientas tecnológicas eran limitadas, y confiaba más en su instinto y experiencia que en datos precisos o análisis de tendencias de consumo.

La formación se realizaba al incorporarse a la empresa, con pocas oportunidades de actualización, lo que significaba que su conocimiento de los productos dependía en gran medida de su iniciativa personal para aprender.

Ahora, imagina a ese mismo vendedor, 25 años después, trabajando en la misma tienda, pero en un entorno totalmente diferente. Ahora ya no solo atiende a clientes en el establecimiento, también responde preguntas a través del chat en la web de la tienda, gestiona consultas en redes sociales y realiza videollamadas para mostrar productos en tiempo real a clientes que compran *online*. El sistema de gestión de la empresa ahora incluye un CRM que le permite acceder al historial de compras de cada cliente, personalizando sus recomendaciones en función de datos precisos. También usa una *tablet* para mostrar información detallada de los productos, comparar modelos en tiempo real y verificar el stock sin tener que moverse de su puesto. Ya no solo vende productos; su rol ha evolucionado para crear experiencias de compra memorables. Además, su empresa le ofrece formación constante en nuevas tecnologías, productos y técnicas de venta para personalizar ofertas o sobre tendencias emergentes en el mercado de electrodomésticos. Antes, se enfocaba en vender productos; ahora, su rol se ha expandido a ofrecer soluciones integrales y experiencias de compra.

A diferencia de hace 25 años, ahora valora su crecimiento personal y profesional. Mientras que antes su motivación se centraba en la estabilidad y las comisiones, ahora busca un sentido de propósito y oportunidades de crecimiento profesional. La empresa ha implementado un programa de desarrollo de carrera, y tiene la oportunidad de ascender o cambiar de rol dentro de la compañía. Por otra parte, debe ser flexible y estar dispuesto a aprender constantemente. La velocidad a la que cambia la tecnología y las expectativas de los clientes le obligan a estar siempre al día. Aunque sigue teniendo metas individuales de ventas, el enfoque ha cambiado hacia el trabajo en equipo, colaborando con otros colegas en marketing, atención al cliente *online* y logística para asegurar una experiencia de compra fluida y coherente en todos los canales.

Este cambio en la forma de trabajar refleja la transformación radical en el sector, donde la tecnología, la personalización y la omnicanalidad han redefinido lo que significa ser un vendedor exitoso. Los vendedores han tenido que adaptarse a un mundo en el que el cliente está en el centro de todo, y donde el rol del vendedor es mucho más dinámico y complejo que hace dos décadas.

La gestión de las personas en el sector también ha tenido que adaptarse significativamente en todo este tiempo, evolucionando de un enfoque más tradicional y autoritario a uno mucho más dinámico, inclusivo y centrado en las personas. Los directores de equipos han visto cómo sus responsabilidades y su estilo de liderazgo han cambiado profundamente, influenciados por la tecnología, la cultura organizacional y las expectativas de las nuevas generaciones que se han incorporado al mercado laboral.

Antes gestionaban a sus equipos con un enfoque jerárquico. Su misión principal era asegurar que se cumplieran las metas de ventas y que los empleados siguieran los procedimientos establecidos. Con el tiempo han tenido que evolucionar hacia un estilo de liderazgo más transformador, inspirando a su equipo no solo a cumplir con sus metas, sino a superarse constantemente. Un modelo orientado hacia el empoderamiento de los empleados, motivándolos a ser proactivos y a contribuir con ideas innovadoras.

Antes la comunicación era mayoritariamente de arriba hacia abajo. Los directivos daban instrucciones y los empleados las seguían, con poco espacio para la participación en la toma de decisiones. Ahora, la comunicación ya no es unidireccional. Los líderes han de promover un ambiente donde se fomenta la participación de los empleados en las decisiones, y se valora la diversidad de ideas.

El principal enfoque motivacional en el pasado era la remuneración a través de comisiones por cumplimiento de los objetivos de ventas. La formación y el desarrollo profesional no eran una prioridad. Ahora, su propuesta incluye la creación de planes de de-

13

sarrollo profesional personalizados, ofreciendo oportunidades de formación continua, mentoría y crecimiento dentro de la empresa.

En resumen, han tenido que modificar su estilo de gestión para adaptarse a un entorno mucho más dinámico y orientado a las personas. En lugar de centrarse solo en el control y la eficiencia, ahora su éxito como líderes depende de su capacidad para inspirar, motivar y desarrollar al equipo, aprovechando las fortalezas de las nuevas generaciones y adaptándose de manera constante a las cambiantes demandas del sector *retail*.

LA NECESIDAD DE UN CAMBIO DE MODELO EN EL *RETAIL*

El sector *retail* se enfrenta a desafíos significativos que están afectando a la motivación, la retención de los empleados y, en última instancia, a la satisfacción del cliente y los resultados económicos y financieros de las empresas. *The great resignation* (La gran renuncia) es un término acuñado para describir la ola masiva de renuncias laborales que ha sacudido a varios sectores, incluido el *retail*, desde principios de 2021. Este fenómeno se caracteriza por un número sin precedentes de empleados que abandonan voluntariamente sus trabajos, buscando mejores condiciones laborales, mayor equilibrio entre el trabajo y la vida personal, y entornos de trabajo más satisfactorios. A medida que miles de empleados renuncian a sus trabajos, se cuestiona cada vez más la sostenibilidad de las prácticas laborales actuales y se destaca la importancia de abordar los problemas subyacentes que llevan a esta situación.

La alta rotación de personal, el aumento de la ansiedad dentro de los equipos y la disminución de la satisfacción laboral indican que los modelos de trabajo actuales ya no son efectivos. Es necesario adoptar un nuevo modelo de gestión, centrado en ofrecer a los vendedores un propósito claro y un enfoque más apreciativo y positivo, para construir un entorno laboral más motivador y productivo.

El modelo tradicional de gestión en el *retail* se ha centrado en identificar y corregir errores y deficiencias, lo que crea un ambiente de trabajo basado en la crítica y la negatividad. En contraste, un enfoque apreciativo y positivo pone énfasis en reconocer y reforzar las buenas prácticas y en maximizar los recursos y fortalezas existentes. Los componentes claves de este nuevo enfoque son:

- **Reconocimiento:** Celebrar los éxitos, grandes y pequeños, motiva a los empleados a seguir esforzándose. Reconocer públicamente a los vendedores por sus contribuciones refuerza su autoestima y crea un ambiente de trabajo mucho más positivo.
- **Creatividad:** Al centrarse en lo que funciona bien, los empleados se sienten empoderados para proponer nuevas ideas y soluciones. Un entorno positivo anima a los vendedores a ser proactivos en lugar de reactivos, buscando constantemente formas de mejorar.
- **Desarrollo:** Un enfoque apreciativo valora el crecimiento continuo. Proporcionar oportunidades de desarrollo personal y profesional no solo mejora las habilidades de los empleados, sino que también les demuestra que la organización está orientada a su éxito a largo plazo.
- **Colaboración:** Fomentar un entorno de colaboración donde los empleados se apoyan mutuamente reduce la competitividad malsana y crea una red de apoyo que puede reducir la ansiedad y aumentar el bienestar general.

A diferencia del modelo tradicional, que se centra en identificar y analizar problemas o carencias, el enfoque centrado en soluciones se orienta a las capacidades, recursos y estrategias que ya existen y pueden ser potenciadas. Esta metodología fomenta un cambio de perspectiva, alentando a los equipos a explorar «qué funciona» en lugar de «qué falta». Esto no solo refuerza la moral y la motivación, sino que también abre el camino hacia la innovación

15

y la creatividad, elementos esenciales en un mercado en constante cambio.

En mi experiencia, los equipos de venta que adoptan un enfoque centrado en soluciones muestran un mayor compromiso y capacidad de adaptación. Cuando los vendedores se concentran en los recursos y estrategias efectivas, no solo se sienten más empoderados y seguros, sino que también son capaces de identificar oportunidades de manera proactiva y responder con agilidad ante los retos que han de afrontar. Esta orientación hacia las soluciones fomenta un ambiente de trabajo positivo y colaborativo, donde los logros se celebran y los aprendizajes se comparten, reforzando la cohesión del equipo.

El enfoque centrado en soluciones no solo mejora la eficiencia y la productividad de los equipos de venta, sino que también crea una cultura de éxito continuo y sostenido. Es un cambio de mentalidad que nos impulsa a mirar hacia adelante, aprovechando nuestras fortalezas y construyendo sobre ellas, en lugar de quedarnos estancados en la identificación de problemas. Como he podido comprobar a lo largo de mi carrera profesional dentro del sector, esta perspectiva es un catalizador potente para la consecución de objetivos y el logro de resultados sobresalientes en los equipos de ventas.

A continuación, te detallo algunas razones por las cuales es recomendable la aplicación de este nuevo modelo de gestión dentro de equipos de ventas:

- **Aumenta la moral del equipo:** Al enfocarse en lo que funciona y en cómo se pueden aprovechar los éxitos, se crea un ambiente de trabajo más positivo y alentador, elevando la moral de los vendedores.
- **Fomenta la innovación:** El enfoque en soluciones alienta a los equipos a pensar de manera creativa para encontrar nuevas formas de mejorar y superar los desafíos, en lugar de quedarse atrapados en los problemas.

- **Potencia el empoderamiento:** Los vendedores se sienten más dueños de su trabajo y resultados cuando se les anima a utilizar sus fortalezas y recursos existentes para resolver problemas.
- **Mejora la productividad:** Al centrarse en lo que ya funciona y buscar maneras de amplificarlo, los equipos pueden actuar de manera más eficiente y con mayor eficacia, reduciendo el tiempo invertido en análisis negativos.
- **Crea un ambiente colaborativo:** Fomentar la búsqueda de soluciones construye un espíritu de trabajo en equipo, donde los éxitos son compartidos y los logros se celebran colectivamente.
- **Facilita la adaptación:** Los equipos que practican un enfoque centrado en soluciones son más ágiles y pueden adaptarse rápidamente a cambios del mercado o situaciones imprevistas, utilizando sus recursos de manera efectiva.
- **Refuerza el compromiso con los objetivos:** Al destacar los logros y las fortalezas, los equipos sienten una mayor conexión y compromiso con las metas, motivándolos a alcanzar y superar los objetivos establecidos.
- **Reduce la ansiedad y el estrés:** Al desviar la atención de los problemas hacia las soluciones, se reduce la presión negativa y se evita la creación de un ambiente de trabajo estresante.

17

En resumen, adoptar un enfoque centrado en soluciones no solo fortalece el rendimiento de los equipos de venta, sino que también crea un entorno laboral en el que los vendedores pueden prosperar, innovar y contribuir al éxito general de la organización. Esta metodología no solo trata de alcanzar metas, sino de hacerlo de manera que fomente el desarrollo personal y profesional de cada miembro del equipo, asegurando un éxito colectivo duradero.

El propósito es la respuesta a para qué vendemos, más allá de para ganar dinero.

2. Positividad
La venta medio llena

> *Nos podemos quejar porque*
> *las rosas tienen espinas o alegrar*
> *porque los espinos tienen rosas.*
>
> Abraham Lincoln

LA MIRADA POSITIVA

En mis formaciones con equipos de ventas suelo utilizar la frase: «Nada es verdad ni es mentira, sino que todo depende del color del cristal con que se mira», que es una cita del poeta y dramaturgo español Ramón de Campoamor. Esta línea es parte de su poema *Las dos linternas*, y refleja la idea de que la percepción de la realidad es subjetiva y puede variar según el punto de vista de cada persona. La frase refleja la idea de que nuestra percepción de los eventos es crucial para determinar cómo los enfrentamos y qué resultados obtenemos. Los vendedores que eligen interpretar sus experiencias a través de una lente positiva son más propensos a identificar oportunidades, aprender de los desafíos y, en última instancia, a tener más éxito.

Richard Wiseman es un psicólogo británico, famoso por su investigación sobre la suerte. En su libro *The Luck Factor* (2003), presenta sus hallazgos sobre las diferencias entre las personas que se consideran afortunadas y aquellas que se ven a sí mismas como desafortunadas. Su investigación muestra que la suerte no es tanto una cuestión de azar, sino más bien de actitud, percepción y comportamiento. En uno de sus experimentos, Wiseman entregó a dos grupos de personas un periódico y les pidió que contaran cuántas fotos había en su interior. Lo que no les dijo es que dentro del periódico había un mensaje en letras grandes que decía

«Deja de contar, hay 43 fotos en este periódico», y otro que indicaba que, si se lo decían al experimentador, recibirían una recompensa. Las personas que se consideraban afortunadas encontraron el mensaje mucho más frecuentemente que aquellas que se consideraban desafortunadas. Las personas con una mentalidad positiva y abierta fueron capaces de detectar más fácilmente las oportunidades, mientras que las que se consideraban desafortunadas estaban tan enfocadas en la tarea de contar que no vieron el mensaje.

Al igual que en el experimento de Wiseman, los equipos de ventas que adoptan un enfoque positivo son más propensos a detectar oportunidades en su entorno. Un vendedor con una mentalidad positiva no solo está buscando cerrar la venta, sino que también está atento a señales y pistas que pueden revelar nuevas oportunidades de negocio, mejoras en la relación con el cliente o formas innovadoras de resolver problemas. Un equipo que trabaja en un ambiente positivo y sin estrés tiende a ser más creativo y flexible, lo que les permite encontrar soluciones y alternativas que otros podrían no ver.

Un enfoque positivo también fomenta la resiliencia. Los vendedores que se consideran afortunados suelen tener una visión más optimista ante los desafíos y fracasos. En lugar de darse por vencidos, buscan el aprendizaje y las oportunidades que puedan surgir de situaciones difíciles. Esto es clave en el mundo de las ventas, donde la perseverancia es fundamental para lograr el éxito a largo plazo. Además, un enfoque positivo en un equipo de ventas fomenta una cultura en la que los miembros se apoyan entre sí, comparten experiencias exitosas y celebran las pequeñas victorias. Esta cultura refuerza la mentalidad positiva, lo que a su vez genera más y mayor suerte, ya que los miembros del equipo se vuelven más proactivos y atentos a las oportunidades. En un equipo de ventas, fomentar un enfoque positivo puede hacer que los vendedores estén más preparados para aprovechar oportunidades, adaptarse a los desafíos y, en última instancia, tener más éxito.

Por su parte, Barbara Fredrickson, destacada psicóloga estadounidense conocida por su trabajo en el campo de la psicología positiva, ha desarrollado la Teoría de la Ampliación y la Construcción. Esta teoría se centra en cómo las emociones positivas pueden influir en el desarrollo personal, la resiliencia y, en un contexto empresarial, en la mejora del rendimiento, incluyendo las ventas. Fredrickson propone que las emociones positivas (como la alegría, la gratitud, la serenidad y el interés) tienen dos efectos principales:

1. **Ampliación de repertorios cognitivos y conductuales:** Las emociones positivas amplían nuestra percepción, haciendo que seamos más receptivos a nuevas ideas, opciones y soluciones. Cuando estamos de buen ánimo, tendemos a ver más allá de los problemas inmediatos, exploramos alternativas que no consideraríamos en un estado emocional negativo, y nos volvemos más creativos y flexibles.

2. **Construcción de recursos personales y sociales:** A lo largo del tiempo, las emociones positivas contribuyen a construir recursos duraderos en varios dominios: cognitivos, sociales, psicológicos y físicos. Por ejemplo, la alegría fomenta la creación de relaciones sociales más fuertes, el interés promueve la adquisición de habilidades y conocimientos, y la gratitud fortalece las conexiones interpersonales.

Esta teoría nos ofrece valiosas lecciones para el campo de las ventas. Al promover emociones positivas dentro de un equipo de vendedores, es posible no solo mejorar la creatividad, la resiliencia y las relaciones con los clientes, sino también construir un entorno de trabajo que fomente la mejora continua y el éxito sostenido. En el contexto de las ventas, la teoría de Fredrickson puede tener un impacto significativo en la manera en que los vendedores y los equipos de ventas abordan su trabajo, interactúan con los clientes y se enfrentan a desafíos.

Los vendedores abordan constantemente situaciones cambiantes y tienen la necesidad de adaptarse a diferentes clientes. Una mentalidad rígida puede limitar la capacidad de un vendedor para responder adecuadamente a estas demandas. Fomentar emociones positivas dentro del equipo de ventas puede ayudar a los vendedores a pensar de manera más creativa y flexible. Por ejemplo, un vendedor que se siente apreciado y respaldado por su equipo es más probable que experimente emociones positivas, lo que amplía su capacidad para generar soluciones innovadoras para los problemas de sus clientes, en lugar de seguir un guion rígido.

Las ventas no solo se tratan de transacciones, sino también de construir relaciones duraderas con los clientes. Las conexiones emocionales son clave para obtener la lealtad del cliente. Las emociones positivas como la gratitud y el interés pueden fortalecer las relaciones con los clientes. Un vendedor que genuinamente expresa gratitud por la lealtad de un cliente, o que muestra un interés sincero en sus necesidades y desafíos, es más probable que construya una relación sólida y duradera. Esto, a su vez, genera confianza y puede conducir a ventas repetidas y recomendaciones.

El rechazo es una parte inevitable de las ventas, y manejarlo adecuadamente es crucial para el éxito continuo de un vendedor. El rechazo constante puede llevar a la desmotivación y al agotamiento si no se maneja bien. La capacidad de generar y mantener emociones positivas puede aumentar la resiliencia de un vendedor. Un ambiente de trabajo que promueva la positividad y que celebre incluso las pequeñas victorias puede ayudar a los vendedores a recuperarse más rápidamente del rechazo y a mantener una actitud proactiva y optimista.

Un entorno de trabajo estresante y negativo puede afectar no solo el rendimiento individual, sino también la moral y la cohesión

del equipo. Alentar una cultura de emociones positivas dentro del equipo de ventas puede conducir a un entorno de trabajo más cohesionado y colaborativo. Actividades de equipo, reconocimiento de logros y la creación de un ambiente en el que los empleados se sientan valorados pueden ayudar a construir recursos sociales, como el apoyo mutuo y la camaradería, que son fundamentales para el rendimiento colectivo.

El mercado y las necesidades de los clientes cambian constantemente, lo que requiere que los vendedores se mantengan actualizados y abiertos al aprendizaje continuo. Las emociones positivas fomentan la curiosidad y el interés, lo que puede motivar a los vendedores a participar en oportunidades de desarrollo profesional y capacitación. Un equipo que se siente emocionado y positivo acerca de su trabajo es más probable que busque activamente nuevas formas de mejorar y crecer.

El proceso desarrollado por Barbara Fredrickson, conocido como Ampliación-Construcción-Transformación, es una extensión de su teoría. Este proceso describe cómo las emociones positivas no solo amplían nuestra perspectiva y construyen recursos personales, sino que también transforman nuestra manera de interactuar con el mundo a largo plazo. Aquí te explico cómo funciona este proceso y cómo se puede aplicar en el contexto de los equipos de ventas:

1. **Ampliación:** Cuando experimentamos emociones positivas nuestra mente se abre a nuevas ideas, posibilidades y perspectivas. Esta ampliación no solo nos permite ver más allá de los problemas inmediatos, sino que también nos ayuda a ser más creativos y flexibles en nuestras respuestas. En un equipo de ventas, promover un ambiente donde se fomenten las emociones positivas puede ampliar la capacidad de los vendedores para pensar creativamente y explorar nuevas formas de abordar los desafíos. Por ejemplo, si un vendedor siente gratitud y apoyo de sus compañeros y líderes, es más

probable que esté dispuesto a probar nuevas estrategias de venta, adaptar su enfoque a diferentes tipos de clientes y ver oportunidades donde antes solo veía obstáculos.

2. **Construcción:** A medida que experimentamos emociones positivas, comenzamos a construir recursos valiosos que son duraderos. Estos recursos pueden ser de naturaleza cognitiva (como habilidades de resolución de problemas y creatividad), social (como relaciones sólidas y redes de apoyo), psicológica (como resiliencia y optimismo) y física (como salud y energía). Un equipo de ventas que experimenta regularmente emociones positivas puede desarrollar una base sólida de recursos internos y externos. Por ejemplo, la construcción de relaciones de confianza entre los miembros del equipo puede crear un ambiente de colaboración y apoyo mutuo. Además, la construcción de habilidades emocionales y sociales puede ayudar a los vendedores a manejar el rechazo, mantener la motivación y ser más resilientes ante los desafíos del mercado.

24

3. **Transformación:** Con el tiempo, la acumulación de emociones positivas y la construcción de recursos conduce a una transformación profunda en la manera en que las personas interactúan con el mundo. Este cambio no solo mejora el bienestar individual, sino que también altera positivamente la dinámica social y profesional, permitiendo que las personas funcionen de manera más efectiva y satisfactoria en sus roles. En un equipo de ventas, la transformación se manifiesta cuando los vendedores no solo mejoran en sus habilidades y rendimiento, sino que también desarrollan una mentalidad de crecimiento y un enfoque más optimista y proactivo hacia su trabajo. Esta transformación se refleja en la capacidad del equipo para superar desafíos con una actitud positiva, innovar constantemente y mantener una alta motivación, incluso en momentos difíciles.

El proceso de Ampliación-Construcción-Transformación ofrece un marco valioso para mejorar el rendimiento de los equipos de ventas a través de la promoción de emociones positivas. Al aplicar este enfoque, las organizaciones no solo pueden mejorar las habilidades y el rendimiento a corto plazo, sino también transformar profundamente la cultura del equipo, creando un entorno de trabajo más resiliente, innovador y exitoso a largo plazo.

HACER USO DE LA PSICOLOGÍA POSITIVA

Cuando nos referimos al mundo de las ventas, el modo en que los líderes manejan las conversaciones con su equipo puede tener un impacto significativo en el rendimiento y la motivación de los vendedores. Imagina una situación común: Giulia, una responsable de tienda, fija una reunión para hablar con Mateo, uno de sus vendedores, sobre los objetivos de venta que no se alcanzaron en el último mes. La manera en que Giulia aborde esta conversación puede influir no solo en cómo Mateo percibe su desempeño, sino también en cómo afrontará los desafíos futuros. En este contexto, existen dos enfoques típicos que Giulia podría adoptar:

1. **Centrarse en los problemas y en «lo que está faltando»:** Este enfoque pone el énfasis en lo que no se ha logrado, en las carencias o debilidades de Mateo. Se trata de una conversación que busca identificar qué salió mal y cómo corregirlo, pero que puede resultar desmotivadora si no se maneja con cuidado.

2. **Poner el foco en las soluciones y en «lo que tenemos»:** Por otro lado, este enfoque se concentra en lo que Mateo ya está haciendo bien y cómo puede construir sobre sus fortalezas para mejorar en el futuro. Es una conversación que refuerza la confianza y motiva al vendedor a aprovechar sus habilidades para alcanzar sus objetivos.

A continuación, veremos cómo se desarrollan estas dos conversaciones entre Giulia y Mateo, y analizaremos las diferencias de cada enfoque:

Conversación 1: Centrada en los problemas

Giulia: Mateo, quiero hablar contigo sobre los resultados del mes pasado. No alcanzaste los objetivos de venta que teníamos establecidos, y eso es preocupante. ¿Qué crees que te faltó para cumplir con lo que se esperaba de ti?

Mateo: Bueno, Giulia, hice todo lo posible, pero parece que no fue suficiente. Noté que hubo menos tráfico de clientes este mes, y algunos de mis cierres de ventas se cayeron en el último momento.

G: Pero Mateo, el tráfico bajo no es una excusa válida. Otros compañeros han alcanzado sus objetivos a pesar de eso. Me preocupa que tal vez no estés haciendo lo necesario para cerrar las ventas. ¿Por qué crees que no lograste concretar esas operaciones?

M: Tal vez no insistí lo suficiente, pero a veces los clientes simplemente no quieren comprar. Siento que me falta algo, pero no sé exactamente qué es.

G: Lo que te falta es determinación y una mejor estrategia de ventas. Necesitas mejorar tus habilidades de persuasión y asegurarte de que estás haciendo el seguimiento adecuado. No podemos permitirnos otro mes así, Mateo. Debes esmerarte más y hacer lo que sea necesario para alcanzar tus metas.

Conversación 2: Centrada en las soluciones

Giulia: Hola Mateo, quiero hablar contigo sobre los resultados del mes pasado. Sé que no alcanzamos los objetivos, pero estoy segura de que podemos aprender algo valioso de esta experiencia. ¿Qué crees que salió bien en tu trabajo este mes?

Mateo: Bueno, creo que hice un buen trabajo construyendo relaciones con los clientes. Algunos incluso volvieron para preguntar más sobre los productos, aunque no siempre cerré las ventas.

G: Eso es excelente, Mateo. Las relaciones fuertes con los clientes son una base fundamental para el éxito a largo plazo. ¿Cómo crees que podrías aprovechar esas relaciones para cerrar más ventas en el futuro?

M: Quizás podría enfocar mis esfuerzos en hacer un seguimiento más proactivo con esos clientes que mostraron interés, ofreciéndoles alguna oferta especial o mostrando cómo nuestros productos pueden resolver sus necesidades específicas.

G: Me encanta esa idea. Ya tienes una gran base con esos clientes, y con un poco más de seguimiento, podrías ver una mejora significativa en tus resultados. Además, ¿hay algo que sientas que estás haciendo bien y que podríamos potenciar aún más?

M: He notado que cuando explico los beneficios del producto en lugar de solo hablar de las características, los clientes parecen más interesados. Podría enfocarme en eso desde el principio.

G: Perfecto, Mateo. Continuemos desarrollando esa habilidad. Hagamos un plan para el próximo mes donde concentres tu energía en esas relaciones que ya construiste y en comunicar mejor los beneficios. Estoy segura de que, con estas pequeñas mejoras, alcanzarás tus objetivos.

Mientras que la primera conversación se centra en lo que falta y lo que no se ha hecho bien, la segunda se enfoca en lo que Mateo ya está haciendo bien. Esto no solo refuerza sus fortalezas, sino que también le da confianza para mejorar. En el enfoque centrado en la solución, Giulia y Mateo trabajan juntos para identificar acciones concretas que pueden llevar a mejores resultados en el futuro. En lugar de simplemente señalar los problemas, se busca activamente una forma de avanzar. La segunda conversación empodera a Mateo, dándole un papel activo en la búsqueda de soluciones. Esto contrasta con la primera conversación, donde Mateo podría sentirse más criticado que apoyado.

Un enfoque centrado en la solución tiende a ser más motivador y a generar resiliencia, ya que se construye sobre los logros y se ven los desafíos como oportunidades para aprender y crecer, en lugar de como fallos que deben corregirse. La segunda conversación no solo es más constructiva y alentadora, sino que también es más efectiva para generar un cambio positivo en el desempeño de Mateo. Este enfoque se basa en aprovechar lo que ya se tiene y buscar activamente cómo mejorar, lo que a largo plazo puede conducir a un equipo de ventas más motivado, resiliente y exitoso.

La psicología positiva, impulsada por Martin Seligman en la década de 1990, es una rama de la psicología que se enfoca en estudiar y fomentar los aspectos positivos de la experiencia humana, como el bienestar, la felicidad, la resiliencia y las fortalezas personales. A diferencia de la psicología tradicional, que a menudo se centra en el tratamiento de patologías y problemas, la psicología positiva se interesa en cómo las personas pueden prosperar y alcanzar una vida plena.

La psicología positiva se centra en identificar y desarrollar las fortalezas individuales. Estas fortalezas incluyen cualidades como la gratitud, la curiosidad, el optimismo, la perseverancia y la inteligencia emocional. Seligman y sus colegas desarrollaron herramientas para ayudar a las personas a identificar sus principales fortalezas y trabajar para potenciarlas. Seligman también introdujo el modelo PERMA, que se basa en cinco elementos fundamentales para el bienestar: emociones positivas, compromiso, relaciones, sentido y logro. Este modelo ofrece un marco para que las personas y organizaciones promuevan una vida equilibrada y satisfactoria. Seligman también estudió el optimismo aprendido, que es la idea de que las personas pueden aprender a interpretar los eventos de manera que promuevan un mayor optimismo, lo que a su vez mejora su capacidad para enfrentar desafíos y recuperarse de la adversidad.

El enfoque orientado a soluciones se basa en la idea de que, en lugar de centrarse en los problemas y sus causas, es más efectivo concentrarse en las soluciones y en cómo llegar a ellas utilizando los recursos y capacidades ya existentes. La psicología positiva encaja perfectamente con este enfoque, ya que ambos promueven la identificación y potenciación de lo que funciona bien, en lugar de enfocarse en lo que está mal. Al centrar las discusiones en los éxitos y en cómo replicarlos, el equipo de ventas se siente más empoderado y motivado para encontrar soluciones. Esto crea un ciclo positivo en el que los éxitos se celebran y las buenas prácticas se comparten y amplían.

Al integrar la psicología positiva dentro de un equipo de ventas, los responsables de equipos de ventas pueden esperar los siguientes beneficios:

- **Mejora del rendimiento:** Los vendedores se sienten más seguros y motivados cuando trabajan desde sus fortalezas y reciben un apoyo positivo constante.
- **Mayor resiliencia:** Los equipos se vuelven más capaces de manejar la adversidad, recuperarse de los contratiempos y mantener la motivación a largo plazo.
- **Cohesión del equipo:** Las relaciones dentro del equipo mejoran, lo que fomenta un ambiente de trabajo colaborativo y de apoyo.
- **Satisfacción y retención:** Los empleados que experimentan un alto nivel de bienestar tienen más probabilidades de estar satisfechos con su trabajo, lo que reduce la rotación y mejora la lealtad a la empresa.

Los directivos pueden aplicar el modelo PERMA en su gestión diaria, promoviendo emociones positivas a través del reconocimiento regular, asegurándose de que los empleados estén comprometidos con tareas que les resulten desafiantes y satisfactorias, fomentando relaciones sólidas entre los miembros del equipo, conectando el trabajo con un propósito mayor, y celebrando los logros individuales y colectivos. Esto no solo beneficia a la organización en términos de resultados de ventas, sino que también con-

29

tribuye a un ambiente de trabajo más agradable y sostenible. A continuación, te explico cómo cada componente del modelo PERMA puede ser aplicado en la gestión de un equipo de ventas, con ejemplos concretos:

- **Emociones positivas (Positive emotions):** Los directivos de ventas pueden crear un ambiente de trabajo que promueva emociones positivas entre los miembros del equipo. Esto incluye reconocer y celebrar los logros, proporcionar retroalimentación positiva y fomentar un ambiente donde el humor y la camaradería sean comunes. En lugar de enfocarse solo en lo que los vendedores podrían mejorar, el directivo también se asegura de proporcionar comentarios positivos cuando alguien realiza bien su trabajo. Esto podría incluir un correo electrónico personal al final del día para felicitar a un vendedor por manejar bien una situación difícil con un cliente.

- **Compromiso (Engagement):** El compromiso se refiere a estar completamente inmerso y enfocado en el trabajo. Los directivos de ventas pueden fomentar el compromiso al asignar tareas que se alineen con las fortalezas individuales de los vendedores y al proporcionar desafíos que mantengan el interés y la motivación. Por ejemplo, se pueden asignar tareas basadas en las fortalezas de cada vendedor o establecer desafíos que estimulen a los componentes del equipo a seguir adquiriendo conocimientos y a aplicar nuevas estrategias de venta.

- **Relaciones (Relationships):** Fomentar relaciones positivas dentro del equipo de ventas es crucial para crear un ambiente de apoyo y colaboración. Los líderes pueden promover la construcción de relaciones a través de actividades de equipo y oportunidades para la colaboración. Por ejemplo, organizar regularmente actividades de teambuilding fuera del trabajo, como cenas de equipo, jornadas de puertas abiertas con actividades lúdicas o escapadas de fin de semana. Estas actividades ayudan a fortalecer las relaciones entre los miembros del equipo, haciendo que se sientan más conectados y apoyados. También se puede organizar un programa de mentoría donde los vendedores más experimentados trabajan con los nuevos empleados para compartir consejos y estrategias. Esto no solo fortalece las relaciones dentro del equipo, sino que también facilita la transmisión de conocimientos y habilidades.

- **Sentido (Meaning):** Ayudar a los vendedores a encontrar un sentido en su trabajo es clave para mantener la motivación a largo plazo. Los directores de ventas pueden hacer esto mostrando cómo su trabajo contribuye al éxito general de la empresa y al bienestar de los clientes. El responsable del equipo podría organizar una sesión mensual en la que se comparte cómo las ventas del equipo han impactado en el crecimiento de la empresa y han ayudado a mejorar la vida de los clientes. Por ejemplo, se podría mostrar un video de un cliente satisfecho explicando cómo un producto o servicio específico le ha ayudado a resolver un problema importante. Por otra parte, permitir que los vendedores participen en la planificación estratégica del departamento de ventas les da un mayor sentido de propósito.

- **Logro (Accomplishment):** El logro se refiere a la satisfacción que se obtiene al cumplir con las metas. Los directores de ventas pueden establecer objetivos claros, alcanzables y motivadores para sus equipos, y proporcionar los recursos y el apoyo necesario para alcanzarlos. Por ejemplo, un vendedor puede tener como objetivo aumentar sus ventas en un 15% en los próximos tres meses, con un plan claro sobre cómo lograrlo. Otra buena opción es implementar un sistema de recompensas que reconozca no solo el cumplimiento de metas, sino también el esfuerzo y la mejora continua.

31

SEIS PERSONAJES Y UNA SOLA VENTA

En los procesos de consultoría y *coaching* de ventas que desarrollo con mis clientes, me resulta común encontrarme con distintos tipos de perfiles o personajes que, de manera consciente o inconsciente, impactan en la dinámica y los resultados de los equipos de trabajo. Estos personajes representan actitudes, creencias y comportamientos que pueden influir positiva o negativamente en el éxito de la tienda. Aquí te describo los seis perfiles típicos que es probable encontrar en un equipo de ventas en tienda, junto con sus características, cómo impactan en la organización y cómo se pueden gestionar para mejorar los resultados:

- **Los negacionistas:** Son aquellos que niegan la realidad de los cambios en el mercado, las tendencias o las necesidades de adaptación de la tienda. Suelen aferrarse al «siempre lo hemos hecho así» y rechazan cualquier intento de innovación o cambio en las prácticas de ventas. Este tipo de personas pueden frenar la evolución de la tienda, impidiendo que se adapten a las nuevas necesidades del mercado o de los clientes. Su negativa a cambiar puede llevar a la obsolescencia de las estrategias de ventas y al estancamiento del equipo. Para gestionar a los negacionistas, es crucial abordar sus temores y preocupaciones. Mostrarles casos de éxito en donde los cambios han traído beneficios claros puede ayudar a reducir su resistencia. Es esencial involucrarlos en el proceso de cambio de manera gradual para que vean el valor del nuevo enfoque. Algunas de sus expresiones típicas son: «Siempre lo hemos hecho de esta manera, no veo por qué cambiar» o «Estas nuevas ideas no van a funcionar aquí».

- **Los chamanes:** Creen que los problemas de ventas son siempre el resultado de factores externos como el clima, la competencia o la economía. No se ven a sí mismos ni a su equipo como parte del problema, lo que les impide ser parte de la solución. Este perfil puede generar una cultura de victimismo en el equipo, donde se justifica el bajo rendimiento por factores fuera de su control. Esto limita la capacidad del equipo para ser proactivo y mejorar sus propios resultados, ya que la responsabilidad se diluye. Es importante trabajar con los chamanes para que reconozcan su propio rol en el éxito o fracaso de las ventas. Esto se puede lograr mediante la introducción de métricas claras y el análisis de casos donde las acciones internas han cambiado resultados externos. Fomentar la toma de responsabilidad y la actitud proactiva es clave. Suelen utilizar frases como estas: «No es nuestra culpa, el mercado está muy difícil este año», «Es imposible competir con las grandes cadenas», «Si el clima hubiera sido mejor, nuestras ventas habrían subido».

- **Los curanderos:** Son aquellos que proponen soluciones basadas en intuiciones o ideas no verificadas. Pueden sugerir cambios o estrategias sobre la marcha, pero a menudo no realizan un seguimiento para medir los resultados o ajustar sus acciones en base a datos reales. Aunque su creatividad puede ser valiosa, la falta de seguimiento y medición puede llevar a la implementación de soluciones ineficaces o, peor aún, perjudiciales. Sin un control adecuado, estas «curas» pueden ser solo parches temporales que no resuelven los problemas subyacentes. Para gestionar a los curanderos, es fundamental fomentar una cultura de seguimiento y evaluación. Proponer la creación de planes de acción detallados que incluyan indicadores de éxito y realizar revisiones periódicas para ajustar las estrategias basadas en datos reales, es esencial para maximizar el valor de sus ideas. Podrás escucharlos decir: «Tengo una corazonada, deberíamos probar esto», «Confía en mí, tengo un buen presentimiento sobre esto», «Ya veremos cómo resulta, pero siento que va a funcionar».

- **Los enfermeros:** Son aquellos que se enfocan en tratar los síntomas de los problemas en lugar de abordar la causa raíz. Suelen aplicar soluciones rápidas para problemas inmediatos, pero no investigan más allá para encontrar y resolver la verdadera causa. Este enfoque puede llevar a una dependencia de soluciones temporales y al eventual empeoramiento de los problemas subyacentes. A largo plazo, la organización puede enfrentar desafíos mayores debido a la falta de una solución definitiva. Para contrarrestar este enfoque, es importante fomentar el análisis profundo de los problemas. Capacitar al equipo en técnicas de análisis de causa raíz puede ayudar a identificar y resolver los problemas en su origen, previniendo la recurrencia de estos problemas. Algunas de sus expresiones típicas son: «Vamos a solucionar esto ahora y luego veremos», «Lo importante es que los clientes no se quejen por ahora», «No tenemos tiempo para análisis profundos, actuemos rápido».

- **Los médicos:** Son efectivos a la hora de resolver problemas cuando se presentan, pero no trabajan en cambiar los hábitos o sistemas que causan esos problemas. Su enfoque es más reactivo que preventivo, y los problemas suelen resurgir cuando no están presentes. Si bien los médicos son competentes en apagar incendios, su falta de enfoque en la prevención puede resultar en ciclos repetitivos de problemas. Esto también puede crear una dependencia en su presencia para resolver problemas, en lugar de capacitar al equipo para manejar situaciones por sí mismo. Es crucial ayudar a los médicos a desarrollar un enfoque más preventivo. Esto se puede lograr mediante la creación de sistemas de mejora continua, en los que el equipo pueda identificar y abordar problemas potenciales antes de que se conviertan en crisis. Incentivar el compartir buenas prácticas y desarrollar procesos estandarizados puede ayudar a que la organización funcione eficientemente incluso en su ausencia. Son reconocibles por frases como: «Déjamelo a mí, sé exactamente qué hacer», «Resolveremos esto como la última vez», «Mientras yo esté aquí, todo funcionará bien».

- **Los científicos:** Son aquellos que aplican un enfoque metodológico para la resolución de problemas y la mejora continua. Utilizan datos, análisis y pruebas para prevenir problemas antes de que ocurran y para optimizar continuamente los procesos. Este tipo de enfoque es el más efectivo a largo plazo, ya que no solo resuelve problemas, sino que también mejora la eficiencia y la eficacia del equipo. Los científicos promueven una cultura de aprendizaje y adaptación constante, lo que resulta en una organización más resiliente y competitiva. Los científicos deben ser reconocidos y apoyados para liderar iniciativas de mejora continua. Crear espacios para la innovación y la experimentación controlada dentro del equipo puede incentivar este enfoque. Además, es importante promover la difusión de sus buenas prácticas en toda la organización, para que su impacto positivo se amplifique. Expresiones propias de los científicos son: «Necesitamos analizar los datos antes de actuar», «¿Cuál es la causa raíz de este problema?», «Debemos implementar procesos que prevengan estos problemas en el futuro».

Entender y gestionar los distintos tipos de personajes en un equipo de ventas es fundamental para mejorar la dinámica de trabajo y los resultados. Cada uno de estos personajes tiene características únicas que, si se manejan correctamente, pueden ser orientadas hacia el éxito de la organización. Los científicos, con su enfoque basado en la prevención y mejora continua, representan el ideal en términos de gestión efectiva, pero es importante trabajar con todos los perfiles para guiar al equipo hacia una cultura de aprendizaje, adaptación y progreso constante.

El enfoque centrado en soluciones se basa en identificar y potenciar lo que ya funciona bien y en encontrar recursos internos y externos que puedan ser aprovechados para alcanzar los objetivos, en lugar de enfocarse exclusivamente en los problemas y sus causas. Veamos cómo cada uno de estos personajes puede ser influenciado o transformado a través de un enfoque centrado en soluciones:

- Los **negacionistas**, que suelen resistirse al cambio y aferrarse al «siempre lo hemos hecho así», pueden beneficiarse enormemente de un enfoque centrado en soluciones que les permite fijarse en lo que ya está funcionando bien dentro del nuevo contexto o en qué aspectos de su método tradicional siguen siendo válidos y cómo pueden adaptarse de manera positiva. En lugar de confrontar directamente su resistencia al cambio, se puede trabajar con ellos para identificar qué aspectos de su experiencia pasada pueden ser útiles en el contexto actual. El objetivo es ayudarles a ver que el cambio no es una amenaza, sino una oportunidad para aplicar sus conocimientos de nuevas maneras. Esto puede disminuir su resistencia y abrirlos a nuevas ideas.

- Los **chamanes** tienden a externalizar los problemas, culpando a factores externos por el bajo rendimiento. El enfoque centrado en soluciones les ayuda a redirigir su atención hacia lo que sí pueden controlar y a identificar los recursos internos que pueden aprovechar para superar los desafíos externos. En lugar de permitir que se concentren en los factores fuera de su control, se les puede guiar para que identifiquen momentos en los que, a pesar de las adversidades externas, lograron resultados positivos. Esto refuerza la idea de que tienen la capacidad de influir en sus resultados, independientemente de las circunstancias, y les motiva a centrarse en sus propias acciones y recursos.

- Los **curanderos**, que a menudo confían en soluciones intuitivas sin seguimiento, pueden beneficiarse del enfoque centrado en soluciones al ser guiados para que desarrollen estas intuiciones en planes de acción concretos y medibles. Se puede trabajar con ellos para transformar sus ideas intuitivas en experimentos pequeños y controlados que puedan ser evaluados y ajustados en función de los resultados. Esto no solo valida su creatividad, sino que también introduce un proceso de retroalimentación y aprendizaje continuo, alineado con el enfoque centrado en soluciones.

- Los **enfermeros** tienden a tratar solo los síntomas de los problemas sin abordar las causas subyacentes. El enfoque centrado en soluciones les ayuda a redirigir su atención desde el alivio inmediato hacia la construcción de soluciones sostenibles que prevengan la recurrencia de los problemas. Con este enfoque, se les puede guiar para que identifiquen pequeñas áreas donde ya han tenido éxito en abordar las causas de los problemas, y se les motiva a expandir estas prácticas. Esto les enseña a pensar más en términos de soluciones a largo plazo y menos en respuestas de corto plazo, sin que sientan que están abandonando su enfoque de cuidado y remedio inmediato.

- Los **médicos** son buenos para solucionar problemas cuando surgen, pero no se enfocan en prevenirlos. El enfoque centrado en soluciones puede ayudarles a reconocer y reforzar los sistemas o hábitos que pueden prevenir futuros problemas, haciéndolos más proactivos. Se puede trabajar con ellos para identificar las estrategias o métodos que han implementado con éxito en el pasado y que podrían ser sistematizados para prevenir futuros problemas. Esto los mueve de un enfoque reactivo a uno más preventivo y sostenible, alineado con el concepto de mejora continua.

- Los **científicos** ya están alineados con un enfoque basado en datos, pruebas y prevención. El enfoque centrado en so-

37

luciones puede potenciar aún más su efectividad, alentándolos a compartir sus prácticas exitosas y a utilizar sus habilidades para ayudar a otros miembros del equipo a adoptar un enfoque similar. Se les puede involucrar en el proceso de mentorización de otros personajes en el equipo, ayudándolos a aplicar el enfoque centrado en soluciones en sus respectivas áreas. Además, se les puede animar a seguir experimentando y compartiendo sus hallazgos, creando un ciclo de mejora continua que beneficie a toda la organización.

El enfoque centrado en soluciones es una herramienta poderosa que puede transformar la manera en que cada uno de estos personajes aborda su trabajo y los desafíos que enfrentan. Al centrarse en lo que funciona, en lugar de lo que falta, y al promover la responsabilidad y el uso de recursos internos, este enfoque puede ayudar a superar las limitaciones de cada personaje, potenciando sus fortalezas y facilitando un cambio positivo y sostenible en la organización. Esto no solo mejora el rendimiento del equipo de ventas, sino que también fomenta una cultura de aprendizaje, adaptabilidad y mejora continua.

UNA VENTA APRECIATIVA

Si eres aficionado al cine, además de un profesional de las ventas, es muy probable que conozcas la escena de la película *Glengarry Glen Ross* (1992), basada en la obra de teatro de David Mamet, del mismo nombre, en la que Blake —el personaje principal, interpretado por el actor Alec Baldwin— es un consultor de ventas enviado por la empresa para motivar a los vendedores de una agencia inmobiliaria. La escena, que es conocida por su intensidad y por el retrato de la presión en el mundo de las ventas, empieza con Blake entrando en la oficina donde se encuentran los vendedores, quienes ya están bajo presión debido a las bajas cifras de ventas.

Blake rápidamente establece un tono agresivo y hostil, dejando claro que ha sido enviado para mejorar el rendimiento del equipo, pero lo hace utilizando amenazas y tácticas intimidatorias. Blake les informa que la empresa ha lanzado un concurso de ventas, pero con un tono amenazante: «El primer premio es un Cadillac Eldorado. El segundo premio es un juego de cuchillos. El tercer premio es que estás despedido». Este anuncio establece inmediatamente una brutal competencia: solo el mejor vendedor será recompensado, el segundo recibirá una gratificación menor, y todos los demás serán despedidos.

Más adelante, Blake introduce la máxima «ABC: *Always Be Closing*» (Siempre estar vendiendo). Esta frase captura la mentalidad implacable que la empresa espera de sus vendedores: cada interacción con un cliente debe estar orientada a cerrar una venta. En su charla, Blake no solo entrega su mensaje con agresividad, sino que también humilla a los vendedores, llamándolos «perdedores» y cuestionando su valía como hombres si no logran vender. Utiliza un tono condescendiente y sarcástico, y les dice que, si no pueden vender, deberían salir de la oficina y dejar sus trabajos.

Esta escena es a menudo citada como un ejemplo extremo de una cultura de ventas tóxica, donde los empleados son motivados mediante amenazas y humillación en lugar de apoyo y desarrollo. La escena refleja un enfoque basado en el miedo, en el que los vendedores son impulsados por la amenaza del desempleo y la vergüenza pública. Las charlas como la de Blake en *Glengarry Glen Ross*, que utilizan la intimidación, la humillación y la presión extrema, pueden tener varios efectos negativos y a menudo devastadores en un equipo de vendedores. Estos efectos pueden manifestarse a corto y largo plazo, y generalmente conducen a un entorno de trabajo tóxico y contraproducente. Los vendedores que son sometidos a este tipo de presión extrema pueden experimentar altos niveles de estrés crónico. La constante amenaza de despido y la humillación pública crean un ambiente de alta ansiedad, donde los empleados sienten que están constantemente en riesgo de perder sus trabajos.

En lugar de motivar al equipo, las tácticas de miedo y humillación pueden desmotivar a los vendedores. La presión extrema para cumplir con los objetivos de ventas y evitar el despido puede llevar a los vendedores a adoptar tácticas poco éticas o agresivas para cerrar ventas. Esto podría incluir exagerar las características del producto, presionar a los clientes para que compren o, incluso, manipular información. Estos comportamientos no solo dañan la relación con los clientes, sino que también pueden dañar la reputación de la empresa a largo plazo, resultando en una pérdida de confianza del cliente y, finalmente, en una disminución de las ventas.

Un ambiente de trabajo basado en el miedo reduce la disposición de los empleados a tomar riesgos o proponer nuevas ideas. Los vendedores pueden volverse reacios a intentar nuevas estrategias de ventas o a innovar, por temor a las repercusiones si fallan. Esto puede ser extremadamente dañino para la cultura organizacional y puede hacer que la empresa sea un lugar desagradable para trabajar. Los empleados en una cultura de este tipo suelen mostrar bajos niveles de compromiso y lealtad hacia la empresa. Esto no solo afecta a la productividad, sino que también puede llevar a problemas mayores como la disminución del rendimiento general de toda la organización. Los efectos previsibles incluyen una alta rotación de personal, aumento del estrés y comportamientos poco éticos.

Existen enfoques mucho más positivos y constructivos que promueven un ambiente de trabajo saludable donde los empleados están motivados y comprometidos a largo plazo, lo que conduce a un rendimiento positivo sostenido y al éxito organizacional. La Indagación Apreciativa (IA), por ejemplo, ofrece una perspectiva centrada en lo que funciona bien dentro de una organización y en cómo construir sobre esas fortalezas para fomentar el éxito y la innovación.

Esta metodología, desarrollada en la década de 1980 por David Cooperrider y Suresh Srivastva, nació como una alternativa a los métodos tradicionales de gestión del cambio, que a menudo se centran en identificar problemas para luego buscar soluciones. Cooperrider y Srivastva propusieron que, en lugar de concentrarse en lo que va mal, las organizaciones podrían lograr un cambio más efectivo al enfocarse en lo que va bien y cómo amplificarlo. Esta visión positiva y constructiva del cambio organizacional se ha extendido ampliamente y ha sido adoptada en diversos sectores, incluyendo el mundo de las ventas. La Indagación Apreciativa se caracteriza por una serie de principios y prácticas que la diferencian de otros enfoques de mejora organizacional:

- **Enfoque en lo positivo:** La IA se centra en identificar y valorar lo que funciona bien en una organización. En lugar de buscar problemas, se buscan fortalezas, logros y experiencias positivas que pueden ser la base para el crecimiento y la innovación.

- **Proceso de descubrimiento y diálogo:** Los miembros de la organización participan en un proceso de descubrimiento en el que exploran sus éxitos y los aspectos de su trabajo que les generan orgullo y satisfacción.

- **Modelo de las 4D:** El proceso de IA se estructura en torno a cuatro fases: Descubrimiento (*Discovery*), Sueño (*Dream*), Diseño (*Design*) y Destino (*Destiny*). En la fase de Descubrimiento, se identifican las fortalezas; en la fase de Sueño, se imagina un futuro ideal; en la fase de Diseño, se planifica cómo alcanzar ese futuro; y en la fase de Destino, se implementan los cambios para hacer realidad el futuro deseado.

- **Visión de futuro:** La IA promueve una visión positiva y compartida del futuro, que motiva a los miembros de la organización a trabajar juntos para alcanzarla. Se trata de construir sobre los éxitos del pasado para crear un futuro que refleje los mejores aspectos de la organización.

En un entorno de ventas en tienda, donde los equipos se enfrentan a la presión constante de alcanzar objetivos de ventas, la IA puede ser una herramienta poderosa para mejorar el rendimiento, la moral y la cohesión del equipo. Veamos un ejemplo de cómo se puede aplicar este enfoque en un equipo de ventas:

Fase 1: Descubrimiento

Responsable: *Hola, Ana. Gracias por reunirte conmigo hoy. Sé que hemos tenido algunos desafíos importantes este mes, pero quiero empezar destacando algunos de tus logros. Me gustaría que compartieras conmigo un momento en que te sentiste especialmente satisfecha con una venta reciente. ¿Qué pasó y qué crees que contribuyó a tu éxito?*

Vendedora: *¡Gracias, Laura! Bueno, recuerdo una venta de la semana pasada que me hizo sentir realmente bien. Un cliente vino buscando un regalo de cumpleaños para su esposa, pero no tenía ni idea de qué comprar. Lo escuché atentamente, le hice algunas preguntas sobre los gustos de su esposa, y juntos encontramos el regalo perfecto. El cliente estaba tan contento que dijo que seguramente volvería para las compras navideñas.*

R: *¡Eso suena genial, Ana! Es evidente que tienes una gran habilidad para conectar con los clientes y entender sus necesidades. ¿Qué crees que hiciste específicamente en esa situación que hizo que el cliente se sintiera tan valorado y satisfecho?*

V: *Creo que lo que realmente funcionó fue mi capacidad para escuchar con atención y hacer preguntas que mostraran mi interés genuino. Quería asegurarme de que el regalo fuera algo que su esposa realmente apreciara, no solo una compra rápida.*

Fase 2: Sueño

R: *Esa es una habilidad maravillosa, Ana. Ahora, imaginemos que pudieras aplicar esa misma habilidad de escucha y conexión con todos tus clientes durante el próximo mes. ¿Cómo te imagi-*

nas que serían tus ventas si cada interacción fuera tan exitosa como esa?

V: Creo que si pudiera replicar esa experiencia con cada cliente, mis ventas aumentarían significativamente. Me imagino que los clientes confiarían más en mí y probablemente volverían para futuras compras, lo que aumentaría tanto las ventas inmediatas como las de a largo plazo.

R: Eso creo yo también. Ahora, visualiza cómo sería tu mes ideal. Si todo funcionara perfectamente, ¿cómo te sentirías y qué resultados te gustaría ver al final del mes?

V: Me sentiría mucho más segura y motivada. Vería un aumento en mis ventas y recibiría más clientes que vienen recomendados por otros. Además, me gustaría tener más clientes habituales que confíen en mis recomendaciones y sigan regresando a comprar a la tienda.

Fase 3: Diseño

R: Esa es una visión inspiradora, Ana. Para llegar allí, ¿qué pasos concretos crees que podrías tomar este mes? ¿Qué te ayudaría a replicar esas experiencias positivas con más clientes?

V: Podría empezar dedicando más tiempo a conocer a cada cliente, haciendo preguntas para entender mejor lo que buscan. También podría crear una lista de preguntas clave para guiar mis conversaciones y asegurarme de que estoy captando toda la información necesaria para hacer recomendaciones acertadas.

R: Eso suena como un gran plan. ¿Qué te parece si también dedicamos un tiempo al final de cada día para reflexionar sobre las interacciones que tuviste, identificar qué funcionó bien y qué podrías ajustar para mejorar al día siguiente?

V: Me parece una excelente idea. De esa manera, podré seguir ajustando mi enfoque y mejorando cada día.

Fase 4: Destino

R: Me alegra escuchar eso, Ana. Entonces, ¿cómo te gustaría

proceder para implementar este plan? ¿Cuándo podrías comenzar a aplicar estas nuevas estrategias?

V: Creo que puedo empezar de inmediato. A partir de mañana, comenzaré a utilizar la lista de preguntas clave y me aseguraré de reflexionar al final del día. También me gustaría reunirme contigo al final de la semana para revisar cómo van las cosas y ajustar el plan si es necesario.

R: Eso suena perfecto. Me comprometo a apoyarte en este proceso, y podemos revisar juntas tus progresos cada semana. Estoy segura de que, con este enfoque, lograrás grandes resultados este mes.

V: Muchas gracias, Laura. Estoy emocionada por empezar y ver cómo puedo mejorar mis ventas este mes. Me siento mucho más enfocada y motivada después de esta conversación.

R: Yo también estoy muy alegre por ti, Ana. Confío en que lograrás todo lo que te propongas. ¡Vamos a por un gran mes!

Al utilizar la Indagación Apreciativa, Laura ayuda a Ana a identificar sus fortalezas, imaginar un futuro ideal, diseñar un plan de acción concreto y comprometerse con su implementación. Este enfoque no solo refuerza la confianza y motivación de Ana, sino que también establece un camino claro para mejorar sus resultados de ventas, basado en sus capacidades y experiencias previas.

La implementación de la Indagación Apreciativa en un equipo de ventas puede tener varios impactos positivos:

- **Mejora del rendimiento:** Al enfocarse en las fortalezas y en replicar los éxitos, los vendedores pueden mejorar su rendimiento general. Esto no solo conduce a un aumento en las ventas, sino que también fomenta un ambiente de trabajo más positivo y motivador.

- **Aumento de la satisfacción:** La IA ayuda a los vendedores a sentirse valorados y reconocidos por sus habilidades y contribuciones. Esto aumenta la satisfacción laboral y la moral del equipo, lo que a su vez reduce la rotación de personal y mejora la cohesión del grupo.

- **Fomento de la innovación:** Al imaginar y diseñar un futuro ideal, los equipos de ventas se vuelven más innovadores. Están más dispuestos a probar nuevas estrategias y enfoques, lo que puede llevar a descubrimientos inesperados y a mejoras significativas en las prácticas de ventas.
- **Creación de un bucle positivo:** La IA crea un ciclo de retroalimentación positiva en el que los éxitos generan más éxitos. A medida que el equipo se enfoca en sus fortalezas y continúa construyendo sobre ellas, los logros se multiplican, y el equipo desarrolla una mentalidad de crecimiento y mejora continua.

La Indagación Apreciativa ofrece un enfoque poderoso y transformador para los equipos de ventas. Al cambiar el enfoque, de los problemas a las fortalezas, y al involucrar a todo el equipo en un proceso de descubrimiento, sueño, diseño e implementación, la IA no solo mejora el rendimiento, sino que también crea un ambiente de trabajo más positivo, motivador e innovador. En un entorno de ventas competitivo, donde el éxito a menudo depende de la predisposición y la motivación del equipo, la Indagación Apreciativa puede ser la clave para desbloquear el potencial completo de los vendedores y llevar a la tienda a nuevas cuotas de éxito.

LA FORTALEZA DE LAS HABILIDADES «BLANDAS»

La fábula de *El roble y el junco*, del escritor francés Jean de La Fontaine, muestra cómo la flexibilidad y la adaptación —que pueden interpretarse como *soft skills* (en castellano, habilidades blandas)— son más eficaces que la rigidez y la fuerza, mucho más comunes en enfoques que buscan corregir o resistir ante los problemas. Esta historia dice así:

Había una vez un imponente roble que se erguía orgulloso junto a un río, cerca de un junco. El roble, fuerte y robusto, miraba con desprecio al junco, pensando que era débil y frágil. Un día, el roble habló con el junco:

«¡Qué frágil eres! Un pequeño soplo de viento te dobla y te agita, mientras que yo, con mis poderosas raíces y mi robusto tronco, me mantengo firme ante cualquier tormenta».

El junco respondió con calma: «Es cierto que el viento me dobla, pero nunca me rompe. Me adapto a su fuerza. En cambio, tú, con toda tu fortaleza, podrías enfrentarte a problemas en el caso de que hubiera una tormenta realmente fuerte».

Un tiempo después, se desató una gran tormenta. El viento sopló con furia, y aunque el junco se inclinó casi hasta llegar al suelo, no se rompió. Sin embargo, el poderoso roble, al tratar de resistir al viento con toda su fuerza, fue arrancado de raíz y cayó al suelo.

La moraleja de esta fábula es que la flexibilidad y la adaptabilidad, cualidades que pueden parecer débiles, son en realidad fuerzas poderosas que permiten superar las adversidades, mientras que la rigidez y la resistencia obstinada pueden llevar al fracaso. En lugar de centrarse en lo que no está funcionando (como su aparente debilidad), esta historia destaca cómo el junco encuentra la fuerza en su flexibilidad. De manera similar, un enfoque centrado en lo positivo busca identificar y aprovechar las fortalezas y cualidades que ya existen, como la adaptabilidad en este caso. En un equipo de ventas, podemos orientarnos en descubrir las habilidades y capacidades existentes de los vendedores y en cómo estas pueden ser utilizadas para superar sus retos, en lugar de solo señalar lo que está fallando.

El roble, poniendo énfasis en la fuerza y la resistencia, representa un enfoque que puede ser comparado con la gestión tradicional de muchas organizaciones que intenta corregir lo que no funciona sin adaptarse a las circunstancias. Sin embargo, su rigidez lo hace vulnerable y termina por ser clave en su fatal final. En un entorno de ventas, adaptarnos a los cambios del mercado, a las necesidades de los clientes o a los nuevos desafíos requiere un enfoque más positivo y apreciativo que busque soluciones constructivas y se centre en lo que se puede hacer, en lugar de resistirse o fijar la mirada en los problemas.

La fábula de *El roble* y *el junco* nos ofrece una poderosa lección sobre la importancia de la flexibilidad, la adaptabilidad y el enfoque en las cualidades positivas como medios para superar desafíos y lograr el éxito a largo plazo. Al igual que el junco que sobrevive a la tormenta mediante su flexibilidad, un enfoque centrado en lo positivo en un equipo de ventas —identificando y potenciando fortalezas, en lugar de solo corregir lo que no funciona— puede ser mucho más efectivo y sostenible. Esto permite a los equipos no solo superar los obstáculos y dificultades, sino también prosperar en medio de ellos.

47

+ Tool 1: *Rapport*

Rapport es un término que se refiere a la relación armoniosa y comprensiva entre personas, caracterizada por la mutua confianza, respeto y simpatía. En el contexto de un equipo de ventas, construir rapport significa crear un ambiente en el que los miembros del equipo se sientan conectados emocionalmente, comprendidos y apoyados.

«Ser» es permanente y forma parte de la esencia de la persona. «Hacer» es temporal y está relacionado con el comportamiento y las tareas que una persona lleva a cabo. Centrar una dinámica en el «ser» permite que los vendedores se reconozcan y se valoren por sus cualidades innatas, lo que fortalece su autoestima y los motiva a actuar desde un lugar de autenticidad. Esto es particularmente poderoso en un equipo de ventas, ya que ayuda a los miembros a ver más allá de sus resultados inmediatos y a valorar su contribución al equipo en un nivel más profundo.

Objetivo

Fomentar la construcción de rapport positivo dentro de un equipo de ventas, destacando las fortalezas individuales de cada miembro enfocadas en el «ser» (identidad) en lugar del «hacer» (acciones).

Desarrollo de la dinámica

1. **Explica el propósito de la dinámica:** «Hoy vamos a trabajar en identificar y compartir nuestras fortalezas, enfocándonos en lo que cada uno de nosotros es bueno. La idea es que cada uno reflexione sobre aquellas cualidades intrínsecas que le hacen único y valioso para el equipo».

2. **Reflexión individual:** Durante unos minutos, cada persona reflexiona en silencio sobre las cualidades que mejor representan lo que es como persona, no solo lo que hace. Estas cualidades deben ser aspectos de su identidad que consideran sus «superpoderes», como empatía, creatividad, honestidad, etc. Escribe cada superpoder en un pósit diferente.

3. **Compartir en grupo:** Una vez que todos hayan terminado de escribir, cada miembro del equipo comparte sus superpoderes con el grupo. Al compartir, cada persona explica brevemente por qué cree que ese superpoder es parte esencial de lo que es y cómo contribuye al equipo. Después de compartir, cada persona se acerca al mural y pega sus pósits de manera que todos los superpoderes queden visibles.

4. **Construcción del mural:** Una vez que todos hayan pegado sus pósits, un voluntario del equipo los organiza en el mural para crear una imagen atractiva y representativa del equipo. Se puede agregar un título al mural y quizás algunos diseños adicionales (como estrellas o símbolos relacionados con el tema de superpoderes).

5. **Cierre y reflexión:** Concluye la dinámica invitando a todos a reflexionar sobre cómo estas fortalezas pueden ser aprovechadas en el trabajo diario: «Este mural es un recordatorio visual de que, como equipo, somos más fuertes juntos y cada uno aporta algo valioso y único. Mantengamos estos superpoderes en mente mientras trabajamos para alcanzar nuestros objetivos».

49

+ Tool 2: Del problema a la meta

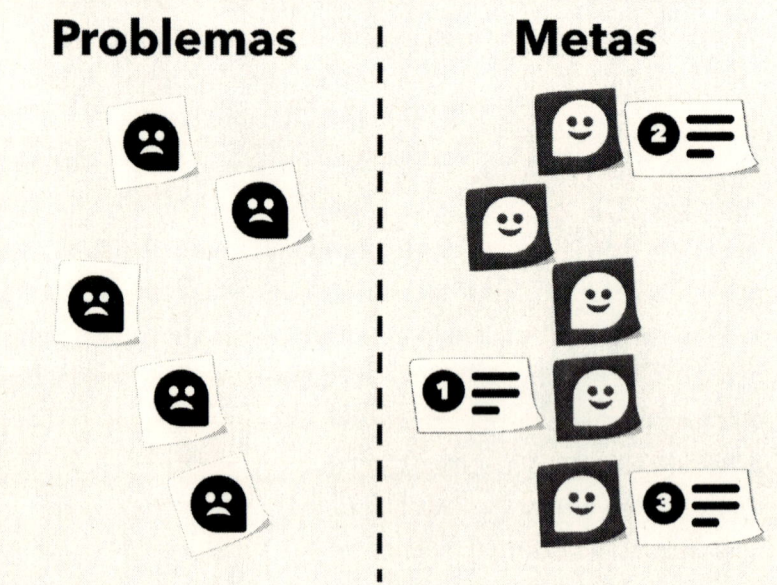

50

Transformar los problemas en soluciones es crucial para varios aspectos clave dentro de un equipo de ventas. Ayuda a los miembros del equipo a desarrollar una mentalidad proactiva y positiva, centrada en lo que pueden hacer para mejorar, en lugar de quedarse estancados en lo que no funciona. Este enfoque refuerza la colaboración dentro del equipo, ya que los miembros se unen para abordar problemas comunes y convertirlos en oportunidades para mejorar juntos. Al enfocarse en soluciones, el equipo se alinea con una mentalidad orientada al éxito, lo que es esencial para mejorar el rendimiento y alcanzar los objetivos colectivos.

Objetivo

Promover un cambio de mentalidad dentro del equipo, donde los problemas sean vistos como oportunidades de mejora y pasos hacia el logro de objetivos compartidos. Fomentar una cultura de soluciones en lugar de una cultura centrada en los problemas, fortaleciendo así la cohesión y la motivación del equipo.

Desarrollo de la dinámica

1. **Diseño:** Divide el rotafolio o la pizarra en dos partes verticalmente. En la mitad izquierda, escribe «Problemas», y en la mitad derecha, «Metas» o «Soluciones». Distribuye los pósits a los participantes: un color para problemas y otro color para metas/soluciones.

2. **Identificación de problemas:** Solicita que piensen en los problemas que están enfrentando actualmente en su trabajo de ventas, desde dificultades con los clientes hasta desafíos internos en el equipo o con los procesos, y que escriban cada problema en un pósit y lo coloquen en la columna de «Problemas».

3. **Transformación de problemas en soluciones:** Diles que piensen en qué sería diferente si cada problema desapareciera. ¿Qué quieren en lugar de ese problema? ¿Qué solución o meta pueden establecer para superar ese desafío? Los participantes toman pósits de color diferente y escriben la solución o meta que corresponde a cada problema, justo al lado del problema correspondiente.

4. **Discusión y priorización:** Guía una discusión sobre las soluciones propuestas. ¿Qué soluciones se pueden implementar de inmediato? ¿Cuáles de estas metas creen que tendrán el mayor impacto en el rendimiento de las ventas? ¿Cómo pueden apoyarse mutuamente para alcanzar estas metas? A medida que discuten, puedes ayudar a priorizar las metas más importantes o agrupar soluciones que estén relacionadas.

5. **Plan de acción:** Explica que estos problemas han sido transformados en metas y soluciones, y que ahora el enfoque del equipo estará en alcanzar estas nuevas metas. Elabora un plan de acción basado en las soluciones prioritarias. Cada participante puede elegir un área o meta en la que trabajar y se pueden asignar responsables para asegurarse de que las metas se alcancen. Puedes tomar una foto con las metas y soluciones para compartirla con el equipo más adelante como recordatorio.

+ Tool 3: Escuchar en positivo

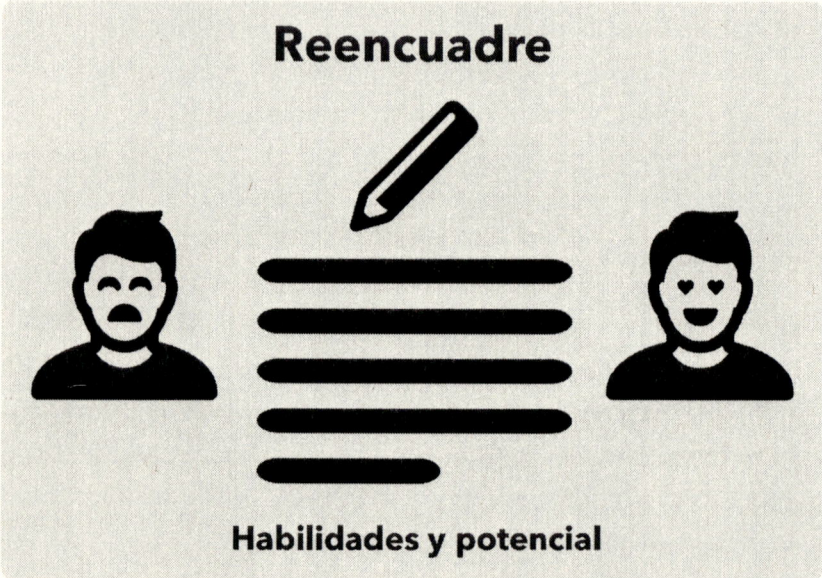

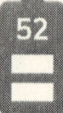

El *reframing* o reencuadre es una técnica psicológica y de comunicación que implica cambiar la manera en que una situación, problema o evento es percibido e interpretado. La idea principal es modificar el marco o el contexto con el cual se ve una situación, de modo que se pueda interpretar de manera más positiva, productiva o constructiva. Esta técnica busca tomar un pensamiento o creencia negativa y reformularlo en un marco más positivo, ofreciendo una nueva perspectiva que puede cambiar las emociones y comportamientos asociados con esa situación.

Objetivo

Desarrollar la habilidad de la escucha positiva dentro de un equipo de ventas, identificando fortalezas, competencias y habilidades subyacentes en las experiencias que inicialmente se perciben como problemas.

Desarrollo de la dinámica

1. **Introducción:** Introduce el concepto de escucha positiva al equipo: «Hoy vamos a practicar la escucha positiva, una habilidad que nos

ayudará a ver más allá de los problemas y descubrir los aspectos positivos que a veces no son evidentes a primera vista».

2. **Escuchar:** Una persona de la pareja comparte un problema o situación difícil que ha enfrentado recientemente en su trabajo de ventas. Esta persona tendrá 5 minutos para describir la situación sin interrupciones. La otra persona escucha de manera activa y positiva, buscando identificar las competencias, fortalezas o habilidades que su compañero mostró en esa situación.

3. **Feedback:** Durante los siguientes 5 minutos, la persona que escuchó refleja lo que ha escuchado, destacando los aspectos positivos y reencuadrando el problema en términos de potencial y habilidades emergentes. Por ejemplo, si alguien comenta sobre una situación difícil con un cliente, su compañero podría resaltar su paciencia, empatía, o capacidad para manejar la tensión. Después de esta devolución, los roles se invierten, y la otra persona comparte su situación, mientras su pareja practica la escucha positiva y el reencuadre.

4. **Compartir:** Después de que ambos miembros de cada pareja hayan compartido y reflexionado, el grupo se reúne nuevamente en círculo. Cada pareja selecciona un ejemplo significativo para compartir con el grupo, destacando cómo el proceso de escucha positiva ayudó a descubrir fortalezas o habilidades detrás de lo que inicialmente se percibía como un problema.

5. **Reflexión:** Anota en la pizarra las competencias y habilidades positivas que emergieron durante la actividad. Esto ayuda a visualizar cómo los problemas pueden ocultar valiosos aspectos positivos y fortalezas en cada miembro del equipo. Dirige una reflexión final sobre la experiencia: ¿Cómo se sintieron al descubrir aspectos positivos detrás de los problemas? ¿Cómo creen que esta práctica de escucha positiva puede beneficiar su trabajo diario en ventas?

+ Tool 4: El modelo SOAR

Mientras que el análisis DAFO proporciona un análisis exhaustivo y equilibrado de una situación, el SOAR aporta un enfoque más positivo, proactivo y orientado a soluciones, especialmente valioso en entornos de ventas. El SOAR no solo motiva al equipo al destacar sus fortalezas y oportunidades, sino que también fomenta una cultura de innovación, colaboración y visión compartida, lo que puede resultar en un rendimiento más sostenido y en un equipo más cohesionado y motivado.

OBJETIVO

Aplicar el enfoque SOAR (*Strengths, Opportunities, Aspirations, Results*) para que un equipo de ventas identifique sus fortalezas, descubra oportunidades, defina sus aspiraciones y establezca resultados medibles.

DESARROLLO DE LA DINÁMICA

1. **Introducción al modelo SOAR:** Comienza explicando brevemente el modelo SOAR, destacando que se trata de un enfoque positivo y

orientado a soluciones: «Hoy vamos a trabajar juntos para identificar nuestras fortalezas, descubrir oportunidades, establecer nuestras aspiraciones y definir los resultados que queremos alcanzar como equipo». Entrega a cada participante un conjunto de pósits de cuatro colores diferentes (uno para cada una de las categorías del SOAR).

2. **Reflexión individual (escribiendo en pósits):** Pide a los participantes que reflexionen de manera individual y escriban sus ideas en los pósits correspondientes:

- Fortalezas: ¿Cuáles son nuestras mayores fortalezas? ¿Qué habilidades o cualidades individuales destacan en nuestro trabajo de ventas?
- Oportunidades: ¿Qué tendencias en el mercado podemos seguir? ¿Qué nuevas herramientas o métodos podemos adoptar?
- Aspiraciones: ¿Qué aspiramos a lograr juntos? ¿Cómo queremos ser reconocidos?
- Resultados: ¿Qué resultados específicos queremos ver y cómo sabremos que hemos logrado nuestras aspiraciones?

3. **Compartir:** Los participantes pegarán sus pósits en la cartulina correspondiente (por color y categoría) y comparten brevemente sus ideas con el grupo al colocarlas en la cartulina. Este proceso fomenta el intercambio de ideas y asegura que todos comprendan las contribuciones de sus compañeros.

4. **Discusión:** Una vez que todos los pósits estén en las cartulinas, guía una discusión en grupo para organizar y consolidar las ideas. Se agrupan los pósits que tienen temas similares y se destacan los puntos más relevantes. Identifica las fortalezas comunes que el equipo considera cruciales. Resume las oportunidades identificadas y prioriza aquellas que parecen más prometedoras.

5. **Implementar:** Con base en las discusiones anteriores, ayuda al equipo a esbozar un plan de acción que integre las fortalezas, aproveche las oportunidades, persiga las aspiraciones y mida los resultados. Asigna responsabilidades claras para cada aspecto del plan. Resume el plan y asegura que todos los miembros del equipo comprendan su rol en la implementación.

**Cambiar tu mirada
puede ser suficiente
para cambiar lo que ves.**

3. Enfoque
Buscando soluciones

Mirad, en la vida no hay soluciones, sino fuerzas en marcha. Es preciso crearlas y las soluciones vienen.

Antoine de Saint-Exupéry

QUIEN BUSCA ENCUENTRA

El cerebro humano es una máquina extraordinaria capaz de procesar y filtrar enormes cantidades de información en fracciones de segundo. Se estima que cada segundo recibimos aproximadamente 11 millones de bits de información a través de nuestros sentidos. Sin embargo, nuestra mente consciente solo puede manejar alrededor de 50 bits por segundo. Esto significa que gran parte de lo que percibimos queda fuera de nuestra conciencia, lo cual plantea la pregunta de cómo nuestro cerebro decide qué información es relevante y cuál no.

El sistema de activación reticular, conocido como SAR, actúa como filtro para determinar qué estímulos merecen nuestra atención consciente y cuáles pueden ser ignorados o relegados al subconsciente. Este sistema, situado en el tronco encefálico, tiene dos funciones principales. La primera es filtrar la información sensorial para que solo aquello que consideramos importante llegue a nuestra conciencia. Por ejemplo, cuando estamos en un entorno ruidoso, como una cafetería, el SAR nos permite concentrarnos en la conversación que estamos teniendo con alguien y bloquear el ruido de fondo. La segunda función del SAR es priorizar la información que es relevante en función de nuestros intereses o necesidades del momento. Si, por ejemplo, estamos buscando comprar un coche nuevo, de repente empezamos a notar muchos más coches en la calle, anuncios de coches y conversaciones relacionadas con el tema. El SAR se activa selectivamente según lo que es significativo para nosotros en ese momento.

El Enfoque Centrado en Soluciones (ECS) sugiere que aquello en lo que nos enfocamos tiende a expandirse. El ECS se basa en la idea de que, si centramos nuestra atención en los problemas, nuestro cerebro buscará más problemas, mientras que, si nos concentramos en las soluciones, nuestro cerebro tenderá a filtrar y destacar la información que nos ayudará a resolver esos problemas. Cuando aplicamos el ECS y decidimos enfocarnos en lo que ya está funcionando bien, nuestro SAR comenzará a filtrar y resaltar información y recursos que refuercen este enfoque positivo. Por ejemplo, si nos preguntamos qué ha funcionado bien esta semana en la tienda, nuestro cerebro se enfocará en buscar esos momentos específicos en lugar de centrarse en lo que no funcionó. Al dirigir nuestra atención hacia las soluciones en lugar de hacia los problemas, estamos entrenando a nuestro SAR para que busque más soluciones. De esta manera, se genera un ciclo positivo: al buscar más soluciones, encontramos más soluciones, lo que refuerza nuestra creencia en nuestra capacidad para resolver problemas.

Cuando establecemos objetivos enfocados en soluciones, el SAR se enfocará en reconocer momentos y recursos que nos ayuden a lograr esto, en lugar de enfocarse en las dificultades que podamos enfrentar. De igual forma, utilizar preguntas del ECS como qué ha mejorado desde la última vez que hablamos, ayuda a reprogramar el SAR del equipo para que se concentre en los progresos y no en los obstáculos.

LA TEORÍA DE LAS EXCUSAS

En esta parte del libro exploraremos cómo el Enfoque Centrado en Soluciones se convierte en una herramienta poderosa para transformar problemas en oportunidades y guiar a los equipos hacia el logro de sus objetivos. Este enfoque refuerza la idea de que, en lugar de quedarnos atrapados en lo que no funciona, debemos canalizar nuestra energía en lo que podemos hacer para avanzar, transformando los desafíos en pasos hacia el éxito.

Imagina un escenario donde las ventas no son suficientes para llegar a los objetivos esperados. Es fácil para los vendedores culpar a factores externos como una mala colocación de los productos en el punto de venta o la falta de una campaña de publicidad efectiva. Sin embargo, la verdadera habilidad radica en encontrar soluciones creativas y prácticas, incluso cuando las condiciones no son ideales. Julio Velasco, famoso entrenador de varios equipos nacionales de voleibol, y reciente medalla de oro olímpica en París 2024 con la selección italiana de este deporte, explica en sus conferencias lo que él denomina la teoría de las excusas:

59

Muchas veces hay un problema que tengo que resolver, incluso en mi equipo actual: el rematador remata fuera porque la pelota no estaba en una buena posición. Entonces, le dice al colocador que la quiere más alta y más cerca de la red. El colocador, y esto es el juego de equipo, o mejor dicho el no juego de equipo, se gira y les dice a los receptores: «Quiero la pelota aquí (arriba). Porque si tengo que correr para recogerla, no puedo ser preciso y no puedo darle la pelota como la quiere. Entonces él la tira fuera porque no se la doy como quiere, pero yo no se la doy como quiere porque vosotros recibís mal». En ese punto, los receptores se giran para encontrar a quién echarle la culpa. Pero ellos reciben un saque del equipo contrario y no pueden decirle al adversario que saque más despacio y más fácil de recibir la pelota para ellos, así que ahí termina la cadena. Yo, tengo una regla muy simple: los rematadores no hablan de la colocación, la resuelven. No juzgan, resuelven [...] Los rematadores son los «máximos expertos» de la colocación; saben todo sobre la colocación. Uno se los encuentra en el bar y hablan de los colocadores. Hay un pequeño problema: ellos rematan, no colocan. Yo quiero rematadores que rematen bien las pelotas mal colocadas; porque estos, después, las bien colocadas las pegan, no bien; muy bien. Entonces, no hablemos: resolvamos.

El mensaje de Julio Velasco es muy claro: en un equipo, cuando las cosas no salen como se espera, es fácil caer en el juego de las excusas y ponerse a buscar culpables. En lugar de resolver el problema, se pierde tiempo y energía en señalar fallos ajenos. Este mismo principio se aplica a las ventas en una tienda. Muchas veces, los vendedores pueden caer en la trampa de justificar un mal resultado debido a factores externos, como una mala disposición del producto o una mala campaña de marketing.

Sin embargo, la verdadera eficiencia en ventas se obtiene cuando los equipos dejan de buscar culpables y se concentran en encontrar soluciones con los recursos y condiciones que tienen en el momento. Por ejemplo, si un producto no se vende bien porque su ubicación en la tienda no es la ideal, un vendedor proactivo, en lugar de quejarse, puede buscar maneras de atraer la atención del cliente hacia ese producto, ya sea mediante recomendaciones personalizadas o destacando las características del producto en sus conversaciones con los clientes.

La lección que puedes extraer de las palabras de Velasco es que, en el *retail*, como en el deporte, es fundamental adaptarse a las circunstancias y buscar soluciones en lugar de excusas. Velasco establece una regla clara: «los rematadores no hablan de la colocación, la resuelven». Esta frase resume la esencia de su enfoque: los miembros del equipo deben concentrarse en buscar soluciones dentro de las circunstancias que se les presentan, en lugar de perder tiempo culpando a otros.

SI QUIERES SOLUCIONES NO BUSQUES PROBLEMAS

Imagina dos tiendas de una misma cadena de ropa, ubicadas en ciudades diferentes. Ambas enfrentan un descenso en las ventas, pero cada tienda adopta un enfoque distinto para abordar el problema.

Tienda A: Enfoque centrado en el problema

En la Tienda A, el equipo de ventas se reúne en el almacén para discutir la situación. La directora de la tienda, Ana, abre la reunión con un tono serio: «Las ventas han caído un 15% este trimestre. Estamos teniendo problemas porque el centro comercial está menos concurrido y la competencia es cada vez mayor. Además, nuestros precios son altos y eso aleja a los clientes. Ayer, una clienta se quejó del mal servicio. Y para colmo, tenemos menos personal en los fines de semana, lo que nos deja cortos de manos cuando más lo necesitamos».

El equipo asiente en silencio. Marta, una de las vendedoras, añade: «Y tampoco ayuda que la gente prefiera comprar online. No tenemos la tecnología para competir con eso».

La reunión se convierte en un intercambio de quejas y lamentos. Cada miembro del equipo expone una lista de razones por las que las cosas están yendo mal. Al final, Ana dice: «Lo haremos lo mejor que podamos, pero con todas estas dificultades, no sé cómo vamos a salir adelante. Necesitamos más apoyo de la central, pero no parece que vayamos a recibirlo».

La reunión termina y los vendedores vuelven a sus puestos de trabajo, desmotivados y sintiendo que la situación está fuera de su control. Cada uno sigue trabajando, pero con la percepción de que el problema es demasiado grande y que no hay mucho que puedan hacer para cambiarlo.

Tienda B: Enfoque centrado en la solución

En la Tienda B, la situación de ventas es similar, pero el enfoque es diferente. Laura, la directora de la tienda, también convoca una reunión con su equipo en el almacén, pero el ambiente es distinto: «Las ventas han caído un 15% este trimestre», comienza Laura, «pero vamos a ver qué podemos hacer para revertir esta tendencia. Sé que todos hemos notado que el centro comercial está más tranquilo últimamente. ¿Alguien ha tenido alguna experiencia reciente con un cliente que haya terminado en una venta exitosa? «¿Qué hicimos bien en ese caso?».

Carlos, uno de los vendedores, levanta la mano y comparte: «Sí, la semana pasada una clienta entró buscando un regalo de cumpleaños. Lo que hice fue preguntarle qué tipo de prendas le gustaban a la persona y le mostré varias opciones. Al final, compró un conjunto completo. Creo que lo que funcionó fue que realmente me tomé el tiempo para escucharla y entender lo que necesitaba».

Laura sonríe y dice: «Eso es excelente, Carlos. ¿Cómo podríamos hacer algo similar con más clientes? ¿Cómo podemos asegurarnos de que cada persona que entra por esa puerta sienta que le estamos ofreciendo exactamente lo que necesita?».

Otra vendedora, Julia, comenta: «Podríamos crear una especie de guion flexible para las conversaciones iniciales con los clientes, enfocándonos en hacer preguntas abiertas para conocer sus gustos. Y, tal vez, podríamos reorganizar algunas secciones para que los productos más populares estén más visibles».

Laura toma nota de las ideas: «Me encanta esa opción Julia. También podríamos empezar a pedir a los clientes que se registren en nuestra lista de correo para recibir promociones. Eso nos ayudaría a mantenernos en contacto con ellos y ofrecerles algo especial en sus próximas visitas».

La reunión concluye con un plan de acción concreto y con cada miembro del equipo asignado a una tarea específica para mejorar la experiencia de los clientes y atraer más ventas. Salen motivados y con una clara sensación de que, aunque la situación es complicada, tienen las herramientas para hacerle frente y mejorar los resultados.

Dos semanas después, en la Tienda A, las ventas siguen cayendo. El equipo continúa sintiéndose abrumado por los problemas y la moral sigue baja. La falta de acción y de un enfoque positivo ha generado un ambiente de resignación. En la Tienda B, sin embargo, el equipo ha implementado sus nuevas estrategias. Las ventas comienzan a mostrar signos de recuperación. Los vendedores se sienten más confiados y han recibido varios comentarios positivos de los clientes, quienes notan la mejora en la atención y la experiencia de compra. Aunque los desafíos persisten, el equipo ha adoptado una mentalidad de soluciones, lo que les permite adaptarse y crecer, incluso en tiempos difíciles.

Este ejemplo ilustra cómo el enfoque que adopta un equipo puede marcar una gran diferencia en su capacidad para superar desafíos y alcanzar sus metas. Mientras que el enfoque centrado en el problema tiende a estancar a las personas en la negatividad y la inacción, el enfoque centrado en la solución empodera a los equipos para tomar el control y mejorar activamente su situación.

El enfoque centrado en soluciones fue desarrollado por Steve de Shazer e Insoo Kim Berg en la década de 1980 en el Centro de Terapia Familiar de Milwaukee. Ambos eran terapeutas interesados en encontrar maneras más eficientes y efectivas de ayudar a las personas a resolver sus problemas. De Shazer y Berg crearon este enfoque partiendo de la observación de que las personas a menudo tienen las capacidades necesarias para resolver sus problemas, pero no siempre son conscientes de ellas o no saben cómo aplicarlas. En lugar de sumergirse en las causas subyacentes de los problemas, estos terapeutas se enfocaban en lo que funcionaba, explorando lo que los clientes ya estaban haciendo bien y cómo podían replicar y ampliar esas acciones positivas. Este enfoque se basa en una serie de características clave:

- **Enfoque en el futuro:** Más que indagar en el pasado o en las causas de los problemas, se concentra en lo que la persona desea para el futuro.
- **Construcción sobre los recursos existentes:** Identifica y potencia los recursos y habilidades que la persona ya tiene.
- **Orientación a la acción:** Promueve pequeñas acciones concretas que contribuyen a alcanzar los objetivos deseados.

- **Lenguaje positivo:** Se centra en un lenguaje que describe lo que se quiere lograr, en lugar de lo que se quiere evitar.

En el mundo organizacional, y particularmente en el *retail*, el ECS se aplica para mejorar el rendimiento de los equipos al enfocarse en lo que se puede hacer, en lugar de lo que está mal. Por ejemplo, en una tienda, si las ventas son insuficientes, en lugar de perder tiempo analizando por qué no se cumplen los objetivos, el equipo podría preguntarse: «¿Qué estamos haciendo bien que podemos hacer más?» Este enfoque es especialmente valioso para responsables de equipos y mandos intermedios, quienes, al adoptar esta mentalidad, pueden inspirar a sus equipos a ser más proactivos y a centrarse en las soluciones prácticas. Al final, se trata de avanzar hacia las metas aprovechando al máximo los recursos y habilidades disponibles.

El ECS se basa en la premisa de que las personas ya poseen los recursos necesarios para resolver sus problemas; el papel del terapeuta, o del líder en un entorno organizacional, es acompañar a la persona en el proceso de descubrimiento y uso de esos recursos.

En el contexto empresarial, el ECS puede transformar la manera en que los equipos abordan los desafíos. Por ejemplo, si un equipo enfrenta problemas con la satisfacción del cliente, en lugar de analizar cada queja en detalle, podrían enfocarse en identificar momentos en que los clientes estuvieron satisfechos y buscar maneras de replicar esas experiencias exitosas.

Adoptar el ECS significa empoderar a los equipos para que se concentren en lo que ya funciona bien y busquen maneras de maximizar esos éxitos, en lugar de quedar atrapados en la «parálisis por el análisis» de los problemas. Este enfoque práctico y orientado a la acción no solo mejora los resultados, sino que también incrementa la motivación del equipo al enfocarse en soluciones y logros, en lugar de en los fracasos. Veamos un ejemplo:

En una conocida cadena de moda, el responsable de una de las tiendas debía resolver el problema del descenso de las ventas de un producto específico, una línea de camisetas de temporada. Los vendedores se quejaban de que los clientes simplemente no mostraban interés en el producto, argumentando que la exposición de la mercancía en la tienda no era la mejor y que el precio de estos productos no era competitivo. En lugar de profundizar en las quejas, durante la reunión semanal, la responsable les pidió a los vendedores que identificaran momentos en los que habían vendido esas camisetas con éxito, por pocos que fueran. Un vendedor mencionó que en una ocasión logró vender varias camisetas porque destacó su calidad y estilo mientras atendía a un grupo de jóvenes que buscaban ropa más casual.

Tomando esta experiencia como base, este responsable propuso replicar esa estrategia. Enseñó a los vendedores a enfocar sus esfuerzos en subrayar los aspectos positivos del producto, como la calidad del tejido y la exclusividad del diseño cada vez que interactuaran con clientes interesados en ropa menos formal. Además, decidió colocar un pequeño mueble exhibidor cerca del área de probadores, donde se concentra más la atención de los clientes que ya están considerando realizar una compra.

En lugar de gastar energía en rediseñar toda la tienda o quejarse por la falta de interés, el equipo se concentró en lo que ya había funcionado. En pocas semanas, las ventas de las camisetas comenzaron a repuntar significativamente. El éxito no vino de un cambio drástico en la estrategia, sino de la aplicación de soluciones simples y efectivas basadas en experiencias pasadas y en lo que los vendedores ya sabían que funcionaba. Además, los vendedores se sintieron más empoderados, ya que pudieron ver el impacto directo de sus acciones en los resultados, reforzando su confianza y moral. Los elementos que definen el ECS son:

- **Preguntas orientadas a las excepciones del problema:** Se formulan preguntas que ayudan a las personas a identificar momentos en los que han tenido éxito o han avanzado, lo que les permite reconocer sus propios recursos.

- **Pequeños pasos:** Promueve la identificación de pequeños pasos hacia la solución, lo que hace que el cambio sea más accesible y menos abrumador.
- **Visión del cliente como experto:** Se considera que las personas (en este caso, los vendedores) son las que mejor conocen sus situaciones y, por tanto, son los expertos en encontrar soluciones a sus propios desafíos.
- **Atención a los progresos:** Se celebra cualquier progreso, por pequeño que sea, lo que genera un ciclo de retroalimentación positiva que refuerza la confianza y la motivación.

UNA SOLA SITUACIÓN Y DOS LENGUAJES DISTINTOS

La distinción entre el «lenguaje del problema» y el «lenguaje de la solución» es fundamental en el enfoque centrado en soluciones. Estos dos tipos de lenguaje reflejan diferentes maneras de abordar las situaciones y tienen un impacto significativo en cómo se perciben y resuelven los desafíos.

LENGUAJE DEL PROBLEMA:

- **Enfoque en lo negativo:** Describe la situación actual de manera negativa o deficiente. «Las ventas siempre son bajas, nada funciona.»
- **Culpa y responsabilidad:** Se centra en quién o qué es responsable del problema. «Es imposible lograr el objetivo con esta ubicación.»
- **Generalizaciones:** Usa términos absolutos como «siempre», «nunca», «imposible». «Los clientes nunca compran este producto.»
- **Parálisis:** Produce una sensación de estancamiento, donde

las soluciones parecen lejanas o inalcanzables. «No podemos vender porque el producto es caro.»

LENGUAJE DE LA SOLUCIÓN:

- **Enfoque en lo positivo:** Resalta lo que ya está funcionando o lo que se desea lograr. «Hemos tenido buenos resultados de ventas de X producto, ¿cómo podemos replicarlo?»
- **Posibilidades y recursos:** Se centra en lo que se puede hacer, aprovechando los recursos disponibles. «Algunos clientes han mostrado interés, ¿qué podemos hacer para atraer a más?»
- **Específico y orientado a la acción:** Usa términos específicos y orientados a pasos concretos. «¿Qué podemos hacer para mejorar la visibilidad de este producto en su ubicación actual?»
- **Proactividad:** Fomenta una actitud de avance, enfocándose en soluciones alcanzables. «¿Cómo podemos destacar el valor del producto para justificar su precio?»

67

Al utilizar el «lenguaje de la solución», los equipos de ventas pueden transformar la manera en que perciben y abordan los desafíos, enfocándose en acciones concretas que generen resultados positivos, en lugar de quedarse atrapados en los problemas. En un entorno de ventas, un líder que dice: «¿Cómo podemos superar este desafío?» activas áreas del cerebro asociadas con la creatividad y la resolución de problemas, lo que motiva a los empleados a pensar en soluciones. Por otro lado, una frase como «este problema es imposible de resolver» activa áreas relacionadas con el miedo y la ansiedad, lo que puede paralizar al equipo. En resumen, el lenguaje de la solución no solo orienta la acción hacia resultados positivos, sino que también tiene un impacto neurobiológico que facilita el aprendizaje, la motivación y la reducción del estrés.

Para ilustrar este punto quiero compartir contigo la siguiente historia:

Había una vez un aguador en la India que cada día llevaba dos vasijas colgando de un palo sobre sus hombros. Una de las vasijas tenía una grieta, mientras que la otra estaba en perfecto estado y siempre llegaba llena de agua al final del trayecto, después de recorrer un largo camino desde el río hasta la casa del patrón. Sin embargo, la vasija con grietas llegaba solo a medio llenar.

Durante años, el aguador repitió este mismo trayecto, llevando solo una vasija llena y la otra a medio llenar. La vasija agrietada, avergonzada por su imperfección, se sentía miserable por no poder cumplir con su cometido completo. Un día, se dirigió al aguador y le dijo: «Estoy tan avergonzada de mí misma. Quiero disculparme porque, debido a mi grieta, solo puedo entregarte la mitad de lo que debería llevar. Estoy fallando en mi propósito.»

El aguador, con mucha comprensión, le respondió: «¿Te has dado cuenta de que en el lado del camino donde estás tú, han crecido flores hermosas, pero no en el lado de la otra vasija? Esto es porque siempre supe de tu grieta, y lo aproveché. Planté semillas de flores en tu lado del camino, y cada día mientras caminamos de regreso, tú las riegas. Durante dos años he podido recoger esas flores para decorar la mesa de mi patrón. Si no fueras exactamente como eres, con todos tus defectos, no hubiera sido posible embellecer la casa.»

La fábula nos enseña que nuestras imperfecciones, que a menudo consideramos debilidades, pueden ser nuestras mayores fortalezas si se reconocen y utilizan de manera adecuada. En lugar de centrarse en lo que uno no puede hacer, el aguador ve el valor en lo que la vasija sí puede ofrecer, y esto transforma la percepción del defecto en una virtud.

En el contexto del retail, en lugar de enfocarnos en las debilidades o en lo que no está funcionando bien, es posible encontrar soluciones que nos lleven a aprovechar las circunstancias tal como son. El propietario de una tienda, por ejemplo, podría enfrentar un problema con una línea de producto que no se vende tan bien como se esperaba. En lugar de verlo solo como un defecto, podría buscar maneras creativas de darle valor, como, por ejemplo, destacando las características únicas de esos artículos para atraer a un nicho específico de clientes.

EMPEZANDO POR LOS PRINCIPIOS

Los principios del ECS, enunciados por Steve de Shazer, nos ofrecen un marco sencillo pero poderoso para gestionar el trabajo diario en una organización. Ayudan a mantener un enfoque positivo, centrado en las soluciones y en aprovechar al máximo lo que ya tenemos a favor, mientras nos permiten ser flexibles y adaptarnos cuando sea necesario. Aplicar estos principios en una tienda puede ser la clave para mejorar tanto los resultados como el ambiente de trabajo y pueden transformar la manera en que los equipos de venta en el sector *retail* abordan sus desafíos diarios. Aquí tienes los tres principios:

1. Si funciona, haz más de eso

Imagina que has notado que cada vez que inicias una conversación con un cliente preguntándole sobre sus necesidades concretas, las ventas son más altas. Siguiendo este principio, en lugar de experimentar con nuevas técnicas de venta, enfócate en perfeccionar y repetir esta táctica exitosa con más clientes. Esto podría representar, también, compartir esta práctica con tus compañeros de trabajo, asegurando que todos aprovechen esa estrategia que claramente está funcionando.

Este principio se basa en la idea de que cuando algo está dando buenos resultados, la mejor estrategia es replicarlo y maximizar su impacto. En el contexto de una tienda, esto significa identificar qué prácticas, técnicas o comportamientos están llevando a ventas exitosas y luego repetirlos de manera consciente y consistente. El valor de este principio radica en su simplicidad: a menudo, en lugar de buscar soluciones complejas o nuevas, la respuesta está en lo que ya estás haciendo bien. Si encuentras una fórmula ganadora, utilízala tantas veces como sea posible.

2. Si no funciona, haz algo diferente

Supón que tu tienda ha estado ofreciendo promociones de descuento durante varios meses, pero no has visto un aumento significativo en las ventas. En lugar de continuar con la misma estrategia, que claramente no está logrando el efecto deseado, este principio te anima a probar algo distinto. Por ejemplo, podrías enfocar tu estrategia en crear experiencias de compra más personalizadas o en ofrecer un servicio de asesoría de moda, algo que podría atraer a un tipo diferente de cliente o satisfacer mejor las expectativas de los actuales compradores.

Este principio nos recuerda que no tiene sentido seguir haciendo lo mismo si no está dando resultados. En lugar de insistir en una estrategia o comportamiento que no está funcionando, es mejor probar algo diferente. En el entorno de una tienda, este enfoque es crucial para adaptarse a las necesidades cambiantes de los clientes y las condiciones del mercado. El objetivo aquí es evitar el estancamiento. Si una táctica no está dando frutos, el ECS te impulsa a innovar y encontrar nuevos enfoques que puedan ser más efectivos.

3. Si no está roto, no trates de arreglarlo

Piensa en una tienda que tiene un modelo de atención al cliente que recibe constantemente comentarios positivos. Según este principio, no es necesario cambiar este sistema, ya que está funcionando perfectamente. En su lugar, deberías centrar tus esfuerzos en mejorar otras áreas que sí necesitan atención, como el manejo de inventarios o la capacitación en ventas.

Este principio sugiere que no es necesario cambiar algo que ya está funcionando bien. A veces, en el afán de mejorar o innovar, podemos sentir la tentación de ajustar procesos o métodos que en realidad no necesitan cambios. En el *retail*, este principio es crucial para mantener la estabilidad y consistencia en las áreas que ya están funcionando eficientemente. Nos enseña a ser prudentes en nuestros intentos de mejorar. Si algo está funcionando bien y contribuyendo al éxito de la tienda, es mejor dejarlo como está. El riesgo de intentar arreglar algo que no está roto es que podrías terminar creando un problema donde antes no lo había.

Estos tres principios del ECS son guías prácticas para la toma de decisiones diarias en una tienda. Aquí te dejo algunas recomendaciones para aplicarlos:

- **Observa y reflexiona:** Mantén un registro de lo que funciona bien en tu tienda. Identifica patrones de éxito y haz un esfuerzo consciente por repetir esas acciones. Comparte estos hallazgos con tu equipo para que todos puedan beneficiarse.
- **Sé proactivo:** Cuando algo no esté funcionando, no te quedes estancado. Reúnete con tu equipo, discute otras opciones y prueba nuevas estrategias. El *retail* es un sector dinámico, y la capacidad de adaptarse rápidamente puede marcar la diferencia entre el éxito y el fracaso.
- **Valora lo que funciona:** No sientas la necesidad de cambiar algo solo por el afán de innovar. Si una práctica o estrategia está obteniendo buenos resultados, mantenla. La estabilidad en las áreas clave es fundamental para ofrecer una experiencia consistente y de calidad a los clientes.

El enfoque centrado en soluciones desafía la idea convencional de que para resolver un problema es necesario primero entender sus causas en profundidad. Este enfoque plantea que, en muchos casos, no existe una correlación directa entre los problemas y las soluciones, lo que significa que no siempre es necesario profundizar en el análisis del problema para encontrar una solución efectiva.

En los enfoques tradicionales, como el análisis de la causa raíz, se dedica mucho tiempo y esfuerzo a desmenuzar el problema, identificando todas sus posibles causas antes de intentar resolverlo. Este método parte de la premisa de que entendiendo

71

a fondo el problema, se puede diseñar una solución específica y dirigida. Sin embargo, este proceso puede ser lento, generar frustración, y en algunos casos, puede incluso llevar a invertir tanto tiempo en el diagnóstico que se retrasa la implementación de las soluciones.

El ECS, por su parte, se basa en la premisa de que lo más importante no es tanto entender por qué ocurre un problema, sino encontrar rápidamente lo que funciona y aplicarlo. Este enfoque es pragmático y orientado a la acción. En lugar de investigar profundamente las causas, el ECS sugiere enfocarse en las excepciones, en lo que ya está funcionando bien, y en las posibilidades que están al alcance para mejorar la situación. En lugar de tratar de desentrañar toda la complejidad del problema, el ECS propone una mentalidad más dinámica: si hay algo que funciona, haz más de eso; si no, intenta algo diferente, sin preocuparte excesivamente por la relación causa-efecto.

Este enfoque es particularmente útil en entornos dinámicos, como el del *retail*, donde los problemas pueden ser el resultado de múltiples factores externos e internos que cambian rápidamente. Aquí, la rapidez y la adaptabilidad son más importantes que una comprensión exhaustiva de todas las causas posibles.

Imagina que una tienda de ropa ha notado una caída en sus ventas. El enfoque tradicional sugeriría analizar en profundidad todas las posibles causas: ¿Es la colocación de los productos? ¿Es la calidad del servicio al cliente? ¿Es el marketing? ¿Hay problemas con el stock de producto? Se realizarían reuniones, estudios y análisis detallados, y podría pasar un tiempo considerable antes de que se llegara a una conclusión clara. En lugar de hacer esto, el ECS propone preguntar: ¿Ha habido algún momento en las últimas semanas donde las ventas no han caído tanto? ¿Qué fue diferente en ese momento?

Al aplicar rápidamente una estrategia que ya ha mostrado signos de éxito, la tienda podría ver una mejora en las ventas sin necesidad de haber pasado semanas o meses analizando el problema. Este enfoque no solo es más ágil, sino que también puede ser más motivador para el equipo, ya que se centra en acciones concretas y positivas en lugar de crear una lista de problemas.

EL FOCO EN EL CLIENTE

En el ECS, el foco siempre está en el cliente y los «clientes» del responsable de un equipo de ventas son sus propios vendedores. En la gestión de equipos de ventas, esto significa que las necesidades, motivaciones y perspectivas de los vendedores deben ser la prioridad. Como líder, debes centrarte en lo que motiva a tu equipo. Pregunta a los vendedores qué necesitan para tener éxito y escucha activamente sus ideas y preocupaciones. Esto implica personalizar tu manera de gestionar para satisfacer las necesidades individuales y colectivas del equipo, asegurándote de que cada miembro sienta que su voz es escuchada y valorada.

El líder no debe actuar como el experto que tiene todas las respuestas. En cambio, debe adoptar una postura de curiosidad y aprendizaje, colaborando con los vendedores para descubrir soluciones. En lugar de dictar siempre lo que se debe hacer, actúa como un facilitador que ayuda a los vendedores a encontrar sus propias soluciones. Haz preguntas abiertas que los lleven a reflexionar sobre sus propios métodos y a encontrar formas de mejorar. Al hacerlo, empoderas al equipo y fomentas la autonomía, lo que puede llevar a un aumento en la motivación y en la responsabilidad personal.

Por otro lado, las intervenciones deben ser breves y orientadas a resultados rápidos. No es necesario prolongar las discusiones o intervenciones más de lo necesario. Cuando te reúnas con tu equipo o con un vendedor de manera individual, procura que las reuniones sean eficientes y enfocadas en soluciones concretas. En lugar de realizar largas reuniones para analizar problemas en profundidad, mantén sesiones cortas y centradas en acciones específicas que se puedan implementar de inmediato. Esto no solo ahorra tiempo, sino que también mantiene la energía y el enfoque en la acción, en lugar de en la discusión prolongada.

Al aplicar estos elementos del ECS en la gestión de equipos de ventas en una tienda, estás creando un entorno donde los vendedores se sienten escuchados, valorados y empoderados para encontrar y aplicar soluciones por sí mismos. Al ser flexible, enfocarte en el presente y el futuro, comunicarte en el lenguaje que ellos entienden, y actuar más como un facilitador que como un experto, puedes conseguir un equipo más motivado, proactivo y exitoso.

Ahora, me gustaría compartir contigo algunas premisas del ECS que ofrecen un marco valioso para gestionar equipos en el sector *retail*, reconociendo que los «clientes» en este contexto son los mismos vendedores del equipo. A continuación, te explico cómo se aplican estas premisas en la gestión de un equipo de ventas en una tienda:

El cliente es el experto: Esta premisa establece que los vendedores son los que mejor conocen sus propias experiencias, capacidades y desafíos. Aunque, como líder, puedes ofrecer orientación y apoyo, es fundamental reconocer que cada vendedor tiene un conocimiento profundo de su trabajo y de lo que le funciona mejor. En lugar de imponer soluciones desde arriba, involucra a los vendedores en la identificación de problemas y en la creación de estrategias para resolverlos. Por ejemplo, si las ventas están bajando, en lugar de dictar una nueva estrategia de ventas, pregúntales directamente qué creen que está ocurriendo y qué podrían hacer diferente. Al reconocer su experiencia y conocimiento, estás empoderándolos para tomar la iniciativa y contribuir activamente a la mejora del rendimiento del equipo.

El cambio es inevitable: El cambio es una constante en cualquier entorno, incluyendo el *retail*. Aceptar que el cambio es inevitable prepara al equipo para adaptarse rápidamente y responder de manera positiva a las nuevas situaciones. En lugar de resistirte a los cambios, fomenta una cultura donde los vendedores vean el cambio como una oportunidad de crecimiento. Por ejemplo, si se implementa un nuevo sistema informático, en lugar de enfocarse en las dificultades iniciales, ayuda al equipo a ver los beneficios a largo plazo y cómo pueden aprovechar la nueva tecnología para mejorar en su trabajo. Fomentar una actitud abierta hacia el cambio reduce la resistencia y permite una adaptación más rápida y efectiva.

Pequeños cambios pueden llevar a un gran cambio: Incluso las modificaciones más pequeñas en el comportamiento de las personas o en la estrategia utilizada por un equipo pueden generar un impacto significativo a largo plazo. No siempre es necesario realizar grandes cambios para ver mejoras sustanciales. Anima a los vendedores a hacer pequeños ajustes en su táctica de ventas. Por ejemplo, un cambio simple como saludar a cada cliente al entrar en la tienda puede aumentar significativamente las ventas y la satisfacción del cliente. Alentar al equipo a identificar y aplicar estos pequeños cambios crea un ambiente de mejora continua, donde cada acción cuenta y se valora.

El pasado no puede cambiarse: Hemos de aceptar que lo que ya ha sucedido no se puede modificar, por lo que es más productivo concentrarse en el presente y en el futuro. Si un vendedor ha tenido una semana o un mes difícil, en lugar de enfocarse en lo que salió mal, guíalo para que se concentre en lo que puede hacer a partir de ahora. Este enfoque ayuda a los vendedores a liberarse de la culpa o la frustración por errores pasados y a concentrarse en acciones concretas para mejorar su rendimiento en el futuro.

Cada problema tiene, al menos, una excepción: Esta premisa sugiere que, aunque un problema pueda parecer omnipresente, siempre existen momentos o situaciones donde ese problema no se manifiesta, y esas excepciones pueden ofrecer claves para la solución. Si un vendedor está afrontando un desafío importante, como dificultades para conseguir cerrar ventas, anímalo a identificar una situación reciente en la que logró cerrar una venta con éxito. Analizad juntos qué fue diferente en esa ocasión y cómo puede replicar esas condiciones o comportamientos en futuras interacciones con los clientes. Esto refuerza la idea de que siempre hay algo positivo en lo que enfocarse y que puede ser la clave para resolver un problema recurrente.

Cada caso es diferente: No hay dos situaciones, problemas o personas exactamente iguales, y cada miembro del equipo requiere un trato personalizado. Como líder, es crucial que trates a cada vendedor como un individuo con necesidades, motivaciones y estilos únicos. Por ejemplo, lo que funciona para un vendedor extrovertido puede no ser adecuado para uno más reservado. Adapta tu enfoque a cada persona, brindándoles el apoyo y las herramientas que mejor se adapten a sus fortalezas y desafíos particulares. Esto podría implicar ofrecer diferentes tipos de capacitación, proporcionar distintos tipos de feedback, o ajustar las metas individuales según las capacidades y aspiraciones de cada uno.

Para comprender mejor cómo sacarle partido a este modo de gestionar, veamos una conversación entre Laura, store manager de una tienda de ropa, y Marta, una de sus vendedoras. Marta ha tenido dificultades para alcanzar sus objetivos de ventas en el último mes. Laura ha notado la preocupación de su vendedora y decide tener una conversación con ella para ofrecerle apoyo y buscar soluciones. En esta conversación se aplican todos los principios del enfoque centrado en soluciones en la gestión de un equipo de ventas. Para facilitar la comprensión, te indico entre paréntesis las diferentes premisas del ECS que se está aplicando en cada caso:

Laura: *Hola, Marta. ¿Tienes un momento para que charlemos sobre cómo te están yendo las cosas?* (El cliente es el experto).

Marta: *Claro, Laura. He estado un poco frustrada porque no es-*

toy alcanzando mis objetivos de ventas últimamente, y no sé exactamente qué estoy haciendo mal.

L: Entiendo cómo te sientes, pero quiero que sepas que no se trata de hacer todo perfecto todo el tiempo. Lo importante es que ya estás notando que algo no está funcionando como te gustaría, y eso es un buen punto de partida. (El cambio es inevitable).

M: Sí, pero me preocupa no estar contribuyendo lo suficiente a los resultados del equipo.

L: Mira, todos pasamos por momentos así. Lo que me gustaría que hiciéramos es concentrarnos en identificar pequeñas cosas que podemos cambiar para mejorar, porque incluso un pequeño ajuste puede tener un gran impacto. ¿Recuerdas algún día reciente en el que tuviste una venta que salió bien? (Pequeños cambios pueden llevar a un gran cambio).

M: Sí, el otro día una clienta entró buscando un regalo y terminé vendiéndole un conjunto completo. No estoy segura de por qué esa venta fue bien...

L: ¡Eso es genial! Vamos a detenernos ahí un momento. ¿Qué crees que hiciste diferente en esa venta? (Cada problema tiene, al menos, una excepción).

M: Bueno, creo que fue porque realmente me tomé el tiempo para entender lo que la cliente quería, en lugar de solo mostrarle los productos. Le pregunté sobre la persona para la que era el regalo, y luego le sugerí varias opciones basadas en sus respuestas.

L: Eso suena como una excelente estrategia. Parece que cuando realmente te conectas con las necesidades del cliente los resultados son positivos. ¿Cómo podrías aplicar ese enfoque en otras interacciones? (El cliente es el experto).

M: Podría intentar hacer más preguntas abiertas desde el principio y escuchar más a los clientes para entender mejor lo que buscan.

L: Me encanta esa idea. Vamos a probar eso en tus próximas interacciones con clientes. Y recuerda, no necesitamos cambiar todo de golpe. Si esto funciona bien, podemos ver cómo adaptarlo a otras situaciones. (Pequeños cambios pueden llevar a un gran cambio).

M: Gracias, Laura. Me siento un poco más segura ahora. Pero todavía me preocupa no estar alcanzando mis cifras de venta del mes pasado.

L: Entiendo, pero quiero que te enfoques en lo que puedes hacer ahora y en adelante. No podemos cambiar lo que ya pasó, pero podemos aprender de ello y hacer que este mes sea mejor. (El pasado no puede cambiarse).

M: Tienes razón. Me concentraré en mejorar este mes.

L: Y recuerda, no tienes que resolverlo todo por tu cuenta. Estoy aquí para apoyarte. Nadie espera que tengas todas las respuestas, y está bien pedir ayuda o compartir ideas con el equipo. A veces, la mejor solución surge cuando no la buscamos en los lugares habituales.

M: Gracias, Laura. Aprecio mucho tu apoyo.

L: Estoy aquí para ayudarte a crecer, Marta. Vamos a trabajar juntas para aplicar estos pequeños cambios y ver cómo te va. Y si en algún momento sientes que algo no está funcionando, podemos ajustar y probar algo diferente. No hay una sola manera de hacer las cosas, y cada cliente, como cada vendedor, es diferente. (Cada caso es diferente).

M: Estoy lista para ponerlo a prueba. Gracias de nuevo, Laura.

L: De nada, Marta. Confío en que lo harás genial. Vamos a hacerlo paso a paso, y estoy segura de que veremos resultados positivos.

Esta conversación es un buen ejemplo de cómo se puede aplicar el enfoque centrado en soluciones en la gestión de un equipo de ventas, fomentando un ambiente de apoyo, crecimiento y adaptabilidad. El ECS ofrece una perspectiva diferente, pero efectiva, para resolver problemas. Aunque analizar los problemas en profundidad puede ser útil en ciertos contextos, no siempre es necesario ni eficiente. El ECS permite a los equipos avanzar sin quedarse atrapados en el análisis, lo que puede ser especialmente valioso en entornos cambiantes y orientados a resultados, como es el caso del *retail*.

LA RECETA DEL ÉXITO

Para un director de equipos de ventas en *retail*, aplicar el ECS implica un cambio de mentalidad significativo. Ya no se trata de ser el experto que tiene todas las respuestas, sino que ha de pasar a convertirse en un facilitador que ayuda al equipo a descubrir y poner en práctica sus propias soluciones. Este enfoque no solo alivia la presión sobre el líder, sino que también empodera a los vendedores, promoviendo un sentido de compromiso y responsabilidad por sus logros. Aquí tienes una receta en la que puedes utilizar todos los ingredientes de este enfoque para «cocinar» unos excelentes resultados que puedes degustar con los vendedores de tu equipo:

INGREDIENTES

- **Una pizca generosa de curiosidad apreciativa:** Como director de equipos, es fundamental abordar cada interacción con una dosis de curiosidad por lo que tus vendedores saben y pueden aportar. Esta curiosidad apreciativa se enfoca en lo positivo y en lo que ya está funcionando bien en el equipo.

- **Una taza bien colmada de confianza en los recursos y talentos del equipo:** Confía plenamente en que tus vendedores tienen los recursos, talento y experiencias necesarios para superar los desafíos. Esta creencia debe ser la base de todas tus interacciones y decisiones.

- **Dos cucharadas soperas colmadas de preguntas enfocadas en la solución:** Las preguntas son herramientas poderosas en el ECS. Deben estar dirigidas a encontrar soluciones y no a explorar problemas. Practica la formulación de preguntas que orienten a tu equipo hacia lo que se puede hacer ahora y en el futuro.

- **Una porción abundante de persistencia y un toque de paciencia:** El cambio puede tomar tiempo, y es esencial ser persistente en la aplicación del ECS mientras mantienes la paciencia necesaria para permitir que las soluciones emerjan gradualmente.

- **Una cucharadita de creer que saber hacia dónde ir es más importante que conocer el origen del problema:** En el ECS, la dirección futura es clave. Mantén a tu equipo enfocado en el destino (las metas y los resultados deseados) en lugar de quedarte atascado en los problemas pasados.

- **Una gotita de lenguaje centrado en la acción:** Cambia las preguntas que buscan razones («¿Por qué no alcanzamos la meta?») por preguntas que buscan acción («¿Cómo podemos mejorar nuestras ventas esta semana?»). Este cambio en el lenguaje impulsa al equipo a moverse hacia posibles soluciones.

- **Un puñado grande de reconocimiento de los éxitos y los pequeños avances:** Valora y celebra cada pequeño paso que tu equipo da hacia la mejora. Este aprecio refuerza las conductas positivas y fomenta un ambiente de crecimiento constante.

Preparación

1. **Mezcla todos los ingredientes con cuidado:** Asegúrate de que cada interacción con tu equipo esté impregnada de curiosidad apreciativa, confianza en sus recursos y preguntas orientadas a soluciones.

2. **Deja que la mezcla repose y crezca:** No apresures las soluciones. Dale tiempo a tu equipo para que reflexione y en-

cuentre su camino. La paciencia aquí es clave para permitir que los recursos internos del equipo se activen.

3. **Cocina a fuego lento, reforzando constantemente la dirección hacia el futuro:** Mantén a tu equipo enfocado en las metas futuras y las acciones que los llevarán allí. Recuerda que no es necesario entender cada detalle del problema para avanzar.

4. **Añade un toque final de reconocimiento:** Cada vez que observes un pequeño avance o una acción exitosa, tómate un momento para reconocerlo y celebrarlo. Esto no solo motiva al equipo, sino que también refuerza el comportamiento que quieres ver más a menudo.

5. **Sirve y disfruta frecuentemente:** Repite este proceso regularmente. El éxito en la gestión de equipos con el ECS no es un evento único, sino un proceso continuo de crecimiento y mejora. Al refrescar esta receta con frecuencia, potenciarás los efectos positivos y lograrás un equipo más resiliente, motivado y enfocado en soluciones.

CONSEJO DEL CHEF
Esta receta es especialmente efectiva cuando se acompaña de una porción abundante de comunicación apreciativa y respeto por las ideas de cada miembro del equipo. ¡Disfruta de los resultados y sigue experimentando con nuevos ingredientes y técnicas para mejorar continuamente el rendimiento de tu equipo de ventas!

El enfoque centrado en soluciones ofrece un camino eficaz y probado para gestionar equipos de ventas de manera más eficiente y productiva. Al implementar este enfoque, no solo mejorarás el rendimiento de tu equipo, sino que también crearás un ambiente de trabajo más positivo y colaborativo, donde cada vendedor se siente valorado y motivado.

Adoptar el ECS no significa abandonar por completo las metodologías tradicionales de gestión, sino más bien complementarlas con una mentalidad que prioriza las soluciones y el progreso constante. Esta combinación de enfoque práctico, adaptabilidad y empoderamiento del equipo puede transformar radicalmente la forma en que se gestionan las ventas en una organización del sector *retail*, llevándote a ti y a tu equipo a alcanzar nuevas cotas de resultados.

Recuerda que el éxito no siempre depende de entender cada detalle del problema, sino de ser capaz de identificar y aprovechar lo que ya está funcionando bien. Al implementar el ECS, estarás preparando a tu equipo para no solo enfrentar, sino también superar cualquier desafío que se le presente, construyendo un futuro de mejora continua.

Aquí tienes una lista con los resultados que se pueden conseguir al utilizar el enfoque centrado en soluciones en equipos de venta:

- **Incremento de la productividad:** Al enfocarse en lo que funciona y repetirlo, los equipos de ventas pueden aumentar significativamente su eficiencia y efectividad, logrando más resultados en menos tiempo.

- **Mejora de la motivación del equipo:** Al centrarse en soluciones y en los éxitos, el ECS refuerza una mentalidad positiva, elevando la moral del equipo y manteniendo alta la motivación para alcanzar objetivos.

- **Reducción del estrés y la ansiedad:** Al evitar la inmersión en los problemas y en su análisis exhaustivo, el ECS disminuye la carga emocional negativa, reduciendo los niveles de estrés y ansiedad entre los vendedores.

- **Mayor autonomía y empoderamiento de los vendedores:** Los vendedores se sienten más capacitados para tomar decisiones y resolver problemas por sí mismos, lo que fomenta la autonomía y un sentido de propiedad sobre sus logros.

- **Aumento de las ventas y mejora de los resultados financieros:** Al aplicar estrategias que ya han demostrado ser exitosas, los equipos de ventas logran aumentar sus tasas de conversión y, en consecuencia, sus resultados de ventas y financieros.
- **Fomento de la innovación y la creatividad:** Al enfocarse en soluciones en lugar de problemas, el ECS estimula la creatividad y la búsqueda de nuevas y mejores formas de alcanzar los objetivos.
- **Mejora de la cohesión y el trabajo en equipo:** El enfoque colaborativo del ECS fortalece las relaciones dentro del equipo, promoviendo una cultura de apoyo mutuo y trabajo en equipo.
- **Adaptabilidad y resiliencia:** Los equipos se vuelven más ágiles y capaces de adaptarse rápidamente a cambios en el mercado o a nuevos desafíos, lo que aumenta su resiliencia ante la adversidad.

- **Reducción del tiempo de resolución de problemas:** Al centrarse en soluciones rápidas y prácticas, el ECS permite resolver problemas de manera más eficiente, ahorrando tiempo que puede ser reinvertido en actividades productivas.
- **Aumento de la satisfacción del cliente:** Los equipos de ventas que aplican el ECS están mejor equipados para ofrecer un servicio de alta calidad, lo que lleva a una mayor satisfacción y lealtad por parte de los clientes.

OBJETIVO Y SOLUCIÓN

Imagina que subes a un taxi y, en lugar de decirle al conductor a dónde quieres llegar, comienzas a darle una lista de todos los lugares a los que no quieres ir: «No me lleve al centro comercial» o «no quiero ir al aeropuerto». El taxista, confundido, empieza a conducir, pero sin saber realmente cuál es tu destino. Da vueltas, pasa por calles al azar, evitando cuidadosamente los lugares que le mencionaste, pero nunca acercándose a ningún destino concreto. ¿El resultado? No llegas a ningún sitio, solo das vueltas sin fin.

Ahora, imagina que, en lugar de eso, le dices exactamente a dónde quieres ir: «Llévame a la estación de tren». El taxista sabe inmediatamente qué dirección tomar, qué rutas puede considerar, y te lleva allí de manera eficiente.

En la gestión de equipos de ventas, el enfoque centrado en soluciones funciona de la misma manera. Si solo hablas de lo que no quieres —no quiero que bajen las ventas, no quiero que los clientes se quejen, no quiero que el equipo esté desmotivado— nunca llegarás al destino deseado porque no has especificado dónde quieres llegar. El equipo estará evitando problemas, pero sin una dirección clara.

Por el contrario, cuando estableces objetivos positivos y claros —queremos aumentar las ventas un 15%, queremos mejorar la satisfacción del cliente o queremos que el equipo esté motivado y comprometido—, estás dándole al equipo el equivalente a una dirección precisa. Así saben hacia dónde se dirigen y qué acciones pueden tomar para llegar a ese destino.

Es evidente que la claridad en la dirección es crucial para el éxito en la gestión de equipos de ventas. La metáfora del taxista pone en perspectiva lo importante que es saber «a dónde queremos llegar», en lugar de simplemente evitar lo que no queremos. Al igual que un taxista necesita una dirección clara para llevarnos a nuestro destino, los equipos de ventas necesitan objetivos precisos y bien definidos para orientar sus esfuerzos y alcanzar el éxito.

Hasta ahora, hemos aprendido cómo el ECS transforma el modo de dirigir a los equipos, llevándolos a concentrarse en soluciones prácticas y en lo que ya está funcionando. Sin embargo, para que este enfoque sea realmente efectivo, es fundamental que esos esfuerzos se dirijan hacia objetivos concretos. Aquí es donde el papel de la fijación de objetivos entra en juego de manera decisiva.

En el siguiente capítulo, profundizaremos en la importancia de establecer objetivos claros, específicos y alcanzables en los equipos de ventas. Hablaremos de cómo una buena fijación de objetivos proporciona no solo una dirección clara, sino también una motivación y una guía continua para el equipo. Veremos cómo los objetivos bien formulados no solo alinean los esfuerzos del equipo, sino que también permiten medir el progreso y ajustar el rumbo cuando sea necesario.

El ECS y la fijación de objetivos se complementan perfectamente: mientras el ECS impulsa la acción positiva y la resolución rápida de problemas, los objetivos bien establecidos actúan como un mapa que asegura que todo ese esfuerzo nos lleva en la dirección correcta. Por tanto, el siguiente paso en este recorrido es aprender a definir objetivos que no solo inspiren a nuestros equipos de ventas, sino que también les proporcionen una guía clara hacia el éxito.

85

+ Tool 5: Escudo de valores

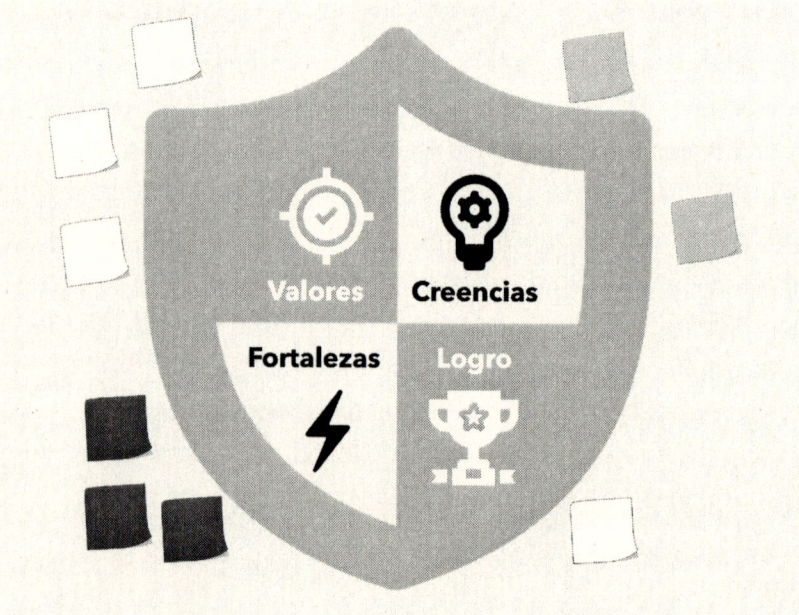

Valores

Creencias

Fortalezas

Logro

Los valores y las creencias juegan un papel fundamental porque son la base de nuestras decisiones, acciones y comportamientos. En un equipo de ventas, actúan como una guía interna que define cómo interactuamos con los clientes, cómo enfrentamos los desafíos y cómo trabajamos juntos como equipo. Cuando los valores de un equipo están alineados, se genera unidad, lo que permite que todos trabajen hacia el mismo objetivo de manera más efectiva.

OBJETIVO

Ayudar a los vendedores a identificar sus fortalezas, creencias y aspiraciones, con el fin de construir un «escudo heroico» para el equipo que refuerce su confianza y enfoque hacia soluciones efectivas en su desempeño diario.

DESARROLLO DE LA DINÁMICA

1.   **Introducción:** Explica brevemente cómo cada persona tiene sus pro-

pias fortalezas y creencias que las hacen especiales y que cada una de ellas puede aportar para crear el símbolo que represente lo que son como equipo y lo que les fortalece.

2. **Reflexión individual:** Cada vendedor recibirá pósits de cuatro colores diferentes. Pide a los participantes que escriban palabras o frases cortas en cada sección que respondan a las preguntas:

- Valores: «¿Qué valores te guían en tu trabajo como vendedor?».
- Creencias: «¿En qué crees firmemente como vendedor?» «¿Qué principios te guían?».
- Fortalezas: «¿Cuáles son las competencias que te arman y te preparan para enfrentar retos en ventas?».
- Logro: «¿Qué es lo que más deseas lograr en tu vida profesional o personal?».

3. **Compartir en grupos pequeños:** Divide a los vendedores en grupos de 3 o 4 personas. En cada grupo, los participantes compartirán lo que han escrito en sus reflexiones individuales. Los demás miembros pueden hacer preguntas abiertas para ayudar a profundizar en los distintos conceptos: «¿Cómo te ha ayudado esa creencia a superar un reto reciente?» «¿Qué pasos crees que puedes dar para alcanzar el logro que deseas?».

4. **Discusión general y conclusiones:** Reúne a todo el equipo nuevamente y pide a cada grupo que comparta los aspectos más inspiradores que surgieron en las discusiones y completa el escudo de valores del equipo.

5. **Acción concreta a futuro:** Cada vendedor identificará una acción concreta que llevará a cabo en la siguiente semana para poner en práctica alguna de las fortalezas o creencias que identificaron en su escudo. Al final, pídeles que compartan con el grupo qué acción tomarán, para que haya un compromiso colectivo.

+ Tool 6: Viaje del héroe

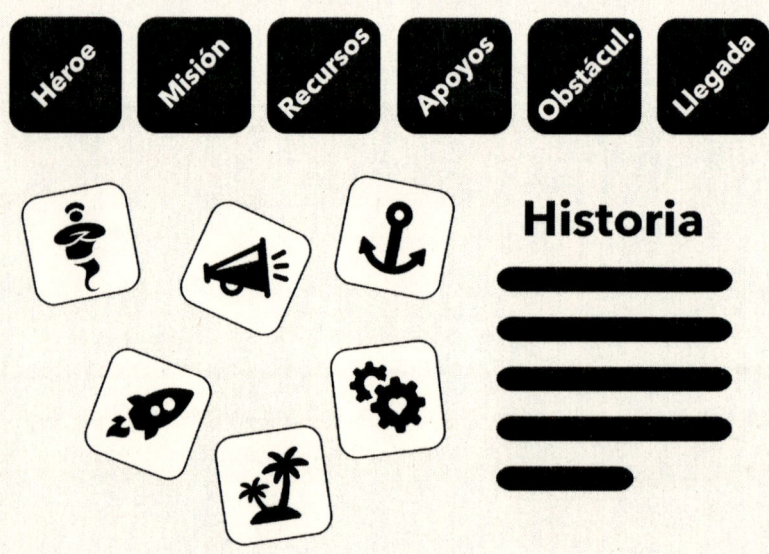

El *storytelling*, o narración de historias, tiene un poder significativo para transmitir mensajes y generar compromiso en los equipos de ventas. El *storytelling* activa diferentes partes del cerebro humano, creando una experiencia emocional profunda que no se logra simplemente con la presentación de datos.

Las historias generan empatía porque invitan a los oyentes a ponerse en el lugar de los personajes. Esto es particularmente útil en ventas, donde la conexión emocional entre los miembros del equipo y con los clientes puede ser decisiva.

OBJETIVO

Crear historias de ventas inspiradas en el «viaje del héroe». En este ejercicio, los participantes identificarán recursos, apoyos y obstáculos dentro de sus historias, para que luego encuentren aprendizajes y pequeños pasos que puedan aplicar a sus situaciones reales en el trabajo.

Desarrollo de la dinámica

1. **Creación de historias:** Divide al equipo en grupos pequeños de 3 o 4 personas. Cada grupo recibirá un set de Story Cubes u otros dados con imágenes que representen diferentes objetos, personajes, acciones o situaciones. Cada grupo lanzará 9 cubos. Las imágenes de los dados serán los elementos que deberán aparecer en la historia. Usando las imágenes de los dados como inspiración, el grupo debe construir una historia donde aparezcan los siguientes elementos clave:

- El héroe: Un vendedor o equipo de ventas.
- El objetivo o la misión: Un desafío o meta de ventas.
- Los recursos o fortalezas: Lo que ayuda al héroe.
- Los aliados o apoyos: Quién o qué apoya al héroe.
- Los obstáculos: Los problemas que el héroe enfrenta.
- El desenlace: Cómo el héroe utiliza sus recursos y aliados para superar los obstáculos y alcanzar su objetivo o aprender algo nuevo.

2. **Presentación de las historias:** Cada grupo compartirá su historia con el resto del equipo. Durante la presentación, deben destacar los recursos, aliados y obstáculos que aparecieron en su historia.

3. **Reflexión:** Una vez todos los grupos hayan compartido sus historias, dirige una reflexión sobre cómo esas historias se pueden conectar con la realidad del equipo de ventas. Para ello, utiliza las siguientes preguntas:

- «¿Qué recursos y fortalezas utilizaron los héroes en las historias?».
- «¿Cómo podrían esos recursos aplicarse a nuestra realidad de ventas?».
- «¿Qué obstáculos similares enfrentamos en nuestro día a día?».
- «¿Qué aliados o apoyos podríamos buscar en situaciones similares?». A través de esta reflexión, cada grupo identificará al menos un pequeño paso concreto que pueden aplicar en su trabajo para superar un obstáculo actual.

4. **Cierre:** Termina la dinámica pidiendo a los grupos que compartan el pequeño paso que han decidido afrontar a partir de los aprendizajes obtenidos en la dinámica.

+ Tool 7: Carta desde el futuro

La visualización del futuro es extremadamente útil para alcanzar las metas del equipo porque permite a los miembros proyectarse en un escenario de éxito y crear una imagen clara y motivadora de lo que desean lograr. Al imaginar un futuro en el que ya han alcanzado sus metas, los miembros del equipo generan una sensación de logro y éxito. Esta visión positiva aumenta la motivación, ya que sienten que ese futuro es alcanzable, lo que les impulsa a trabajar con más energía y compromiso.

OBJETIVO

Guiar a los vendedores a visualizar un futuro exitoso y motivador y luego trazar los pasos y acciones necesarios para alcanzar esa visión. Esta dinámica motiva al equipo a centrarse en soluciones y avances, fortaleciendo su enfoque en las pequeñas victorias y los recursos personales.

DESARROLLO DE LA DINÁMICA

1. **Introducción:** Comienza la dinámica explicando que imaginar los lo-

gros futuros permite que las personas se enfoquen en las acciones y recursos necesarios para hacer realidad esas metas.

2. **Visualización del futuro:** Pide a los participantes que imaginen que están exactamente un año en el futuro. Durante este tiempo, han logrado todos los objetivos que les han propuesto. Han superado los obstáculos y se sienten muy satisfechas con su rendimiento. Diles que piensen en cómo se sienten en ese momento de éxito y que describan los siguientes puntos:

- Entorno: «¿Cómo ha cambiado tu entorno?».
- Logros: «¿Qué objetivos has cumplido?» «¿Qué desafíos has superado?» «¿Qué te hace sentir más orgulloso?».
- Recursos: «¿Qué habilidades y recursos usaste?» «¿Qué personas te apoyaron en el camino?» «¿Qué pequeños pasos fueron claves para tu éxito?».

3. **Escribiendo la carta:** Pide a los participantes que ahora, desde esa posición del futuro, escriban una carta dirigida a su «yo» del presente. Diles que empiecen la carta describiendo cómo es su vida en el futuro. Luego, que expliquen qué pasos tomaron para alcanzar esos objetivos. Pueden ser grandes o pequeños, pero enfócate en las acciones que les ayudaron a avanzar. Habla de los desafíos que tuvieron que enfrentar y cómo los superaron. Menciona qué herramientas, habilidades o apoyos les permitieron salir adelante. Finalmente, ofrece un consejo a su «yo» del presente y pide que escriban qué se dirían a sí mismos para mantenerse en el camino correcto.

4. **Reflexión y compromiso:** Pregunta a los participantes qué aprendieron al escribir su carta desde el futuro y qué pasos pequeños pueden comenzar a tomar desde hoy para acercarse a ese futuro.

5. **Cierre:** Puedes pedir a los participantes que guarden sus cartas en un sobre y que anoten en el exterior una fecha, seis meses o un año en el futuro, cuando volverán a leerla. Esto creará un sentido de continuidad y compromiso hacia las metas.

+ Tool 8: La ventana de Johari

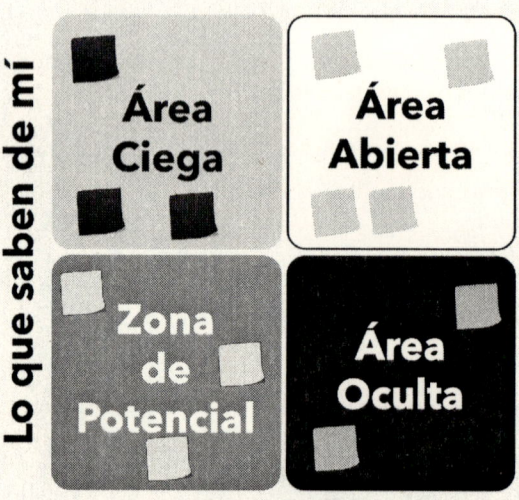

La ventana de Johari es un modelo que divide la percepción de una persona en cuatro áreas:

- **Área abierta** (Lo que sé de mí y lo que otros también saben de mí): Representa lo que es conocido tanto por la persona como por los demás. Aquí se encuentran las fortalezas y habilidades que tanto tú como el equipo reconocen.

- **Área ciega** (Lo que no sé de mí, pero los demás sí saben): Aquellos aspectos que los demás ven en ti, pero que tú no has notado o no reconoces. Aquí se encuentran áreas de oportunidad y fortalezas ocultas.

- **Área oculta** (Lo que sé de mí, pero los demás no saben): Son aspectos que tú conoces, pero que no has compartido con el equipo. Pueden incluir miedos, inseguridades o talentos no revelados.

- **Área desconocida** (Lo que no sé de mí ni los demás saben): Esta es la zona de potencial. Aquí se esconden habilidades, fortalezas y recursos que nadie ha identificado aún. Es la zona de las posibilidades que no hemos explorado.

OBJETIVO

Esta dinámica busca mejorar la autoconciencia de los vendedores, potenciar la colaboración dentro del equipo y, al mismo tiempo, explorar nuevas oportunidades y descubrir el potencial oculto de cada vendedor y del equipo en su conjunto.

DESARROLLO DE LA DINÁMICA

1. **Fase individual:** Entrega a cada vendedor una hoja con la ventana de Johari dividida en los cuatro cuadrantes. Pídeles que completen los siguientes apartados:

- Área abierta: Deben escribir lo que creen que son sus fortalezas visibles, es decir, que tanto ellos como los demás conocen.

- Área oculta: Han de escribir algo que creen que es importante o relevante, pero que no han compartido antes con el equipo o con sus líderes.

2. **Fase grupal:** Agrupa a los vendedores en equipos de 4-5 personas. Después de compartir lo que escribieron en su área abierta con los demás, cada miembro del grupo ofrecerá *feedback* positivo a la persona completando lo que creen que está en el área ciega del vendedor (es decir, aspectos que ellos ven, pero que el vendedor no ha notado).

3. **Explorando la zona de potencial:** En sus grupos, invita a los participantes a pensar en posibles talentos, habilidades o áreas de crecimiento que aún no se han descubierto. Cada participante escribirá ideas sobre el potencial que ve en los demás y en sí mismo, enfocándose en lo que aún no ha sido desarrollado.

4. **Discusión general y acción:** Reúne a todo el equipo para compartir los descubrimientos más importantes sobre las áreas ciegas y de potencial. Cada vendedor debe identificar un paso concreto que tomarán para explorar o desarrollar alguna fortaleza o habilidad de su área de potencial.

Los que solo ven sombras es porque siempre caminan de espaldas al sol.

4. Objetivos
Dónde queremos llegar

El gran peligro para la mayoría de nosotros no está en establecer metas demasiado altas y quedarse corto, sino en establecer metas demasiado bajas y alcanzarlas.

Miguel Ángel

CONOCER EL RUMBO

Imagina una galera romana, oscura, donde el único sonido es el golpe de un martillo que marca el ritmo del trabajo. En el interior de la galera, decenas de hombres están encadenados a largos bancos, alineados en filas, cada uno con un remo en las manos. El espacio es estrecho, apenas tienen sitio para moverse, y sus rostros reflejan agotamiento. No hay ventanas, no ven el mar ni el cielo, solo paredes de madera a su alrededor.

En esta escena de la película *Ben-Hur*, los esclavos en la galera reman incansablemente, golpeados por el ritmo de un martillo que dicta la velocidad de cada movimiento, pero lo hacen sin ver el horizonte ni conocer su destino. No saben si están avanzando hacia una victoria, una batalla o simplemente prolongando su sufrimiento. Esa falta de visión es muy similar a lo que sucede en muchas organizaciones, donde los empleados «reman» día a día sin tener una idea clara de adónde se dirige la empresa o cuáles son los objetivos que deben alcanzar.

Cuando en una organización las personas no conocen el destino o los objetivos, se produce una situación similar: reman al ritmo que les indican, cumpliendo tareas de manera mecánica, pero sin entender el porqué. Este escenario genera desmotivación, falta de compromiso y, en muchas ocasiones, resultados inconsistentes o

insuficientes. Como en la galera, el esfuerzo existe, pero no está dirigido hacia una meta concreta que haga sentir a las personas parte de un propósito mayor.

El papel del líder en este contexto es clave, ya que no solo debe marcar el ritmo de trabajo, como el martillo en la galera, sino también mostrar el destino. Las personas en las organizaciones necesitan saber cuáles son los objetivos concretos que se quieren alcanzar, pero también cómo su trabajo contribuye a ello. De esta manera, cada esfuerzo adquiere un sentido y se convierte en una pieza clave del éxito colectivo.

Por lo tanto, la fijación de objetivos claros, medibles y alcanzables no solo orienta a las personas, sino que también las motiva. Cuando los empleados saben hacia dónde se dirigen y cómo cada palada por su parte acerca a la organización a esa meta, reman con más energía y propósito.

Para evitar que las personas en una organización vivan una situación similar a los remeros de la galera en *Ben-Hur*, es fundamental implementar varias prácticas que hagan el viaje más corto, efectivo y placentero. Algunas de las claves para lograrlo pueden ser:

- **Comunicar un propósito claro:** Las personas deben saber por qué están haciendo su trabajo y hacia dónde se dirige la organización. No basta con marcar el ritmo de trabajo, es esencial comunicar la visión general y los objetivos a largo plazo. Cuando cada persona entiende cómo su esfuerzo contribuye al éxito colectivo, el trabajo se vuelve más significativo. En lugar de decir «Necesitamos vender más», se puede comunicar: «Nuestro objetivo este trimestre es aumentar las ventas un 15% para abrir un nuevo mercado en el norte del país, lo que nos permitirá crecer y generar más oportunidades para todos».

- **Fijar objetivos alcanzables y medibles:** Cada equipo debe tener objetivos claros y específicos, que puedan medirse y seguirse de cerca. Esto permite que cada persona sepa si está avanzando en la dirección correcta y si su trabajo está generando impacto. Un vendedor puede tener como objetivo «vender 50 unidades de un producto este mes», y no simplemente «hacer ventas», lo que le permitirá medir su progreso y ajustar su esfuerzo.

- **Dar autonomía y responsabilidad:** En lugar de ser solo ejecutores de tareas, las personas deben tener cierta autonomía para tomar decisiones y sentir que tienen el control de su propio trabajo. Esto fomenta un ambiente donde el equipo siente que rema con intención, y no solo por seguir órdenes. Un director de tienda puede tener la libertad de ajustar promociones según las necesidades de su local, en lugar de esperar instrucciones detalladas desde la central.

- **Mantener un ritmo adecuado y sostenible:** No se puede exigir que el equipo trabaje a un ritmo frenético todo el tiempo, como cuando el martillo en la galera golpea sin descanso. Es necesario definir un ritmo de trabajo sostenible que permita alcanzar los objetivos sin quemar a las personas. En lugar de lanzar campañas de manera continuada, la empresa puede programar períodos de alta intensidad intercalados con momentos de evaluación y recuperación.

- **Fomentar la colaboración y el trabajo en equipo:** A diferencia de los remeros de la galera, que remaban de manera aislada y sincronizada solo por el ritmo del tambor, en las organizaciones es vital fomentar la colaboración entre los miembros del equipo. Cuando las personas se sienten conectadas con sus compañeros, el trabajo se vuelve más gratificante. Por ejemplo, organizar reuniones de manera regular donde los equipos compartan ideas, retos y soluciones fortalece el sentido de pertenencia y ayuda a todos a remar en la misma dirección de manera coordinada.

Al aplicar estas estrategias, se evita que los empleados sientan que trabajan de manera mecánica y sin propósito. En lugar de ser esclavos del ritmo de trabajo, se convierten en navegantes activos, motivados por un destino claro y con el control de su propio avance. El trabajo no solo será más efectivo, sino también más satisfactorio y significativo para todos los involucrados.

LOS VERDADEROS OBJETIVOS

Muchos líderes de organizaciones *retail* están acostumbrados a perseguir cifras o llevar a cabo acciones sin entender claramente el propósito que hay detrás, por ello es fundamental empezar por cambiar la mentalidad respecto a lo que realmente significa fijar un objetivo y cómo este se diferencia de los indicadores, metas y acciones. Yo prefiero utilizar un enfoque diferente que ofrece una visión más profunda donde los líderes no se centran únicamente en «hacer más» o «alcanzar números mayores», sino en conectar el trabajo diario con un propósito más grande. Esta conexión transforma la manera en que las organizaciones *retail* operan, haciéndolas más orientadas al «ser», lo cual genera una mayor cohesión en el equipo, satisfacción en los empleados y, finalmente, resultados mejores y más sostenibles en el tiempo. Veamos a continuación cuáles son los elementos de este enfoque y cómo se definen cada uno de ellos.

Objetivos

Los objetivos no son cifras a alcanzar ni tareas a completar. Los objetivos responden al propósito, al para qué hacemos lo que hacemos, y tienen una conexión directa con el «ser» más que con el «hacer» o el «tener». Cuando hablamos de objetivos, nos referimos a la dirección a largo plazo que queremos tomar, aquello que define quiénes somos como empresa y qué queremos aportar. Los números pueden ser importantes, pero son secundarios en este contexto; lo principal es el sentido que damos a nuestras acciones.

Ejemplo: Un objetivo para un equipo de ventas no es simplemente «vender más», sino algo más profundo como «ser el referente en atención al cliente en nuestro sector». Este objetivo no se mide en cifras, sino que guía las acciones y comportamientos del equipo, y es lo que otorga propósito al trabajo diario. Debemos invitar a los líderes a reflexionar. No se trata solo de cuántas ventas hacemos o cuántas tiendas abrimos, sino de por qué estamos aquí y qué queremos lograr como empresa en el mundo.

Indicadores

Una vez tenemos claro el objetivo, necesitamos saber si nos estamos acercando a él, y es aquí donde entran en juego los indicadores. Los indicadores son herramientas que miden el progreso hacia ese propósito mayor. Son fórmulas que toman datos objetivos y  los convierten en información útil para saber si vamos por el buen camino. Pero, y esto es crucial, los indicadores no son el objetivo en sí mismo. Los líderes deben entender que estos números o fórmulas, como la tasa de conversión o el ticket medio, no tienen valor por sí solos si no están directamente vinculados al objetivo. De hecho, uno de los grandes errores es confundir el indicador con el objetivo. Un buen director de equipo debe saber que, si mejora su tasa de conversión, por ejemplo, es porque eso está alineado con algo mayor, no porque esa cifra sea el fin último.

Ejemplo: En el caso del objetivo «ser el referente en atención al cliente», un indicador relevante podría ser la tasa de satisfacción del cliente o el NPS (*Net Promoter Score*). Si este indicador mejora, significa que estamos acercándonos a nuestro propósito, pero el indicador en sí mismo no es el objetivo.

Metas

A los indicadores les asignamos metas, que son los números específicos que queremos alcanzar. Estos números nos permiten saber si estamos en el nivel correcto de desempeño. Es muy importante que los directivos no confundan las metas con los objetivos. Las metas son números concretos asociados a los indicadores, y deben estar bien definidos para hacer un seguimiento preciso, pero no son el fin último.

Ejemplo: Si nuestro indicador es la tasa de conversión, la meta podría ser «alcanzar un 20% de tasa de conversión». Este es un número que medimos y ajustamos a lo largo del tiempo, pero no debe confundirse con el objetivo, que sigue siendo algo mucho más grande y aspiracional.

Acciones

Finalmente, las acciones son las distintas actividades que ponemos en marcha para lograr el objetivo. Las acciones son lo que hacemos para acercarnos al propósito, y por eso, se articulan en verbos. No realizamos acciones para cumplir metas numéricas, sino para contribuir al logro del objetivo general. Este es un punto importante para los responsables de equipos, quienes a menudo se enfocan en la acción sin conectar esa acción con el propósito. Las acciones deben tener un sentido claro y deben ser vistas como una herramienta para lograr el objetivo, no solo para alcanzar un número.

Ejemplo: Para mejorar la experiencia del cliente, las acciones pueden ser entrenar a los vendedores en técnicas de atención personalizada, rediseñar la distribución de la tienda o implementar un programa de fidelización que recompense a los clientes más leales. Estas son acciones que van alineadas con el objetivo de «ser el referente en atención al cliente», no solo con alcanzar una cifra.

Para que los líderes de las empresas de *retail*, acostumbrados a enfocarse en cifras y acciones aisladas, comprendan esta distinción entre objetivos, indicadores, metas y acciones, es importante que comprendan lo siguiente:

100

- Los objetivos son una guía hacia el futuro, no un número que se alcanza y luego se olvida. Los números (metas) son importantes, pero deben estar alineados con un propósito mayor. Si una empresa solo persigue números sin un propósito claro, se convierte en una empresa que simplemente «rema» sin saber hacia dónde va, como en el ejemplo que hemos visto de la galera de *Ben-Hur*.
- Los indicadores y metas son útiles solo cuando están al servicio del objetivo. Si no tenemos un objetivo claro, podemos alcanzar metas numéricas sin que eso signifique que estamos progresando en la dirección correcta.
- Las acciones deben estar alineadas con el objetivo, no solo con las metas. Es importante que los líderes sepan que las acciones que llevan a cabo diariamente no deben estar enfocadas únicamente en «hacer más» o «tener más», sino en «ser más», en alinearse con el propósito mayor que los guía.

101

En la fijación de objetivos, es fundamental centrarse primero en lo que queremos ser, antes de definir qué acciones debemos tomar (hacer) o qué resultados queremos obtener (tener). Si los objetivos solo se centran en el hacer y el tener, corremos el riesgo de pasar la vida persiguiendo logros sin realmente alcanzar la satisfacción o la plenitud personal. En cambio, si tenemos claro quién queremos ser, nuestras acciones estarán alineadas con un propósito mayor, y los logros que obtengamos serán una consecuencia natural y no el fin último. En resumen:

- El objetivo es lo que queremos ser.
- Los indicadores nos dicen si estamos avanzando hacia ese ser.
- Las metas nos indican los niveles de desempeño en los indicadores.
- Las acciones son lo que hacemos para avanzar hacia el objetivo.

DIRIGIENDO EL NEGOCIO A SU DESTINO

Imagina que dirigir una tienda o una empresa *retail* es como conducir un coche. Para llegar a tu destino, necesitas estar al tanto de distintos elementos: algunos te hablan del pasado, otros del presente, y algunos más te ayudan a prever lo que podría pasar en el futuro. Pero, lo más importante, necesitas mirar hacia adelante con claridad y saber hacia dónde te diriges. Vamos a desarrollar esta analogía para entender mejor cómo gestionar un negocio de manera exitosa.

Los espejos retrovisores (Indicadores del pasado)

En el coche, los espejos retrovisores te permiten ver lo que ya has dejado atrás. Son esenciales para tomar decisiones sobre cómo conducir de manera segura, pero no puedes conducir mirando solo hacia atrás, ya que acabarías perdiendo el control del coche. En una tienda, estos espejos representan los indicadores del pasado. Estos son datos que ya no puedes cambiar, pero que te dicen cómo ha sido el rendimiento en un período anterior.

Cifra de ventas, ticket medio o tasa de conversión. Son números importantes porque te muestran lo que ya ocurrió como resultado de las acciones que tomaste. Sin embargo, ya no puedes hacer nada para cambiarlas, por lo que no debes obsesionarte con ellas. Deben servirte como referencia para entender lo que ha funcionado o lo que no, pero no para guiar todas tus decisiones futuras.

Si un director de tienda se enfoca exclusivamente en la cifra de ventas del mes pasado y se obsesiona con mejorarla, podría perder de vista los aspectos clave que realmente impulsan el éxito futuro, como la satisfacción del cliente o el nivel de motivación del equipo. Es como conducir mirando solo los espejos retrovisores: es peligroso y no te llevará a donde quieres ir.

Los relojes del panel de control (Indicadores del presente y del futuro)

Estos relojes (como el nivel de combustible, la presión del aceite o el GPS) te proporcionan información vital sobre el estado actual del vehículo y su capacidad para seguir avanzando. Estos relojes son los indicadores de futuro que te dicen si estás en disposición de llegar a tu meta. Te permiten prever y ajustar tus decisiones en función de lo que está sucediendo en tiempo real. Nivel del stock, satisfacción de los clientes (a través de reseñas o encuestas) o motivación del equipo son indicadores que reflejan el estado actual de tu tienda y te permiten anticiparte a lo que podría suceder. Por ejemplo, si tienes bajos niveles de stock, no podrás cubrir la demanda futura; si la satisfacción del cliente está disminuyendo, puedes prever una caída en la lealtad y en las ventas.

Prestar atención a estos indicadores te permite tomar decisiones proactivas antes de que los problemas se conviertan en crisis. Si ves que el stock está bajando, puedes reabastecerte antes de perder ventas; si la motivación del equipo está cayendo, puedes intervenir para mejorar el clima laboral y evitar la pérdida de productividad.

Sin embargo, aunque es importante estar al tanto de estos indicadores, tampoco puedes conducir mirando solo el tablero. Si estás todo el tiempo mirando el combustible o el GPS, pierdes la visión de la carretera y el objetivo final. En el *retail*, esto significa que, aunque los indicadores como la satisfacción del cliente o la motivación del equipo son esenciales, no pueden ser tu único enfoque. Deben equilibrarse con una visión clara de hacia dónde quieres ir como tienda.

Mirar hacia adelante: El propósito y el objetivo final

El tercer elemento clave para conducir bien es mirar hacia adelante y saber hacia dónde vas. Ningún conductor puede llegar a su destino sin mirar la carretera. En retail, esto es lo más importante:

tener un objetivo claro y un propósito que guíe tus acciones y decisiones. Imagina que tu propósito como tienda es ser un referente en atención personalizada al cliente. Este es el equivalente a la carretera que estás mirando, la dirección hacia la que te diriges. Todos los indicadores que observas (ventas, satisfacción del cliente, nivel del inventario) deben ayudarte a mantener el rumbo hacia ese objetivo. Si solo te concentras en los números sin tener claro el propósito final, es probable que termines tomando decisiones que te desvíen de tu meta.

La clave del éxito en la gestión de una tienda o empresa *retail* está en encontrar el equilibrio entre mirar hacia adelante y revisar los indicadores de manera estratégica. Ningún conductor llega a su destino solo mirando los espejos retrovisores o los relojes del panel de control. Tienes que mirar hacia adelante, pero también consultar los indicadores que te permiten ajustar el rumbo cuando sea necesario.

Debes tener siempre presente el propósito y los objetivos estratégicos de tu tienda. ¿Cuál es el destino que buscas? Puede ser mejorar la experiencia del cliente, ser un referente en un nicho específico de mercado, o crecer en una nueva región. Este es el faro que te guiará en todas tus decisiones.

Los indicadores del pasado y del futuro te ayudan a saber si estás en el buen camino y si hay algo que necesitas ajustar. Miras de vez en cuando los espejos retrovisores para aprender de lo que hiciste, y revisas el tablero para saber si necesitas hacer alguna corrección, como mejorar el stock o motivar al equipo.

Al igual que en la conducción, en el *retail* no puedes dirigir mirando solo los indicadores. Si lo haces, corres el riesgo de perder de vista el propósito general y tomar decisiones que no te acerquen a tu verdadero destino. Conducir mirando solo los espejos retrovisores o los relojes del tablero es una receta para el desastre.

Si un director de tienda se obsesiona con mejorar el ticket medio (mirando solo los indicadores), podría perder de vista que el verdadero objetivo es fidelizar a los clientes y mejorar su experiencia de compra. En su afán por aumentar el ticket medio, podría presionar a los vendedores para que ofrezcan productos adicionales que los clientes realmente no necesitan, lo que podría generar una mala experiencia y, en última instancia, dañar la reputación de la tienda.

UN OBJETIVO PARA TODOS Y TODOS PARA UN OBJETIVO

Cuando hablamos de objetivos en un equipo de ventas, es fundamental entender que estos van más allá de las metas cuantitativas o resultados inmediatos. Los objetivos están vinculados al «ser», es decir, a lo que el mánager, los colaboradores y la organización quieren llegar a ser, a su propósito y razón de existir. Si no se alinean, puede parecer que todos están en el mismo barco, pero remando en direcciones opuestas, lo cual genera fricciones y falta de efectividad.

El mánager debe tener claro qué quiere ser como líder, qué busca encarnar en su rol y cómo quiere guiar a su equipo. No es solo cumplir metas numéricas, sino convertirse en un líder que inspira, que desarrolla a su equipo y que contribuye al propósito de la organización. Esto implica preguntarse no solo «qué quiero hacer», sino «qué quiero ser» en mi papel como responsable del equipo. Puede que quiera ser un líder que promueve el crecimiento del equipo, un mentor que cultiva talento o un agente de cambio en la cultura organizacional.

Por su parte, cada colaborador también tiene su propio propósito, que va más allá de alcanzar cifras de ventas. Se trata de quién quiere llegar a ser en su vida profesional. Un vendedor puede querer ser un referente en el equipo por su experiencia o habilidades, o tal vez busca ser alguien que aporta de manera significativa al crecimiento de la empresa. Si el responsable del equipo no entiende lo que el colaborador quiere ser, es difícil motivarlo y alinearlo con los objetivos del equipo.

La organización también tiene un propósito más allá de los números: tiene una visión de lo que quiere llegar a ser en el mercado o para sus clientes. Quizás quiere ser la empresa más innovadora en su sector, o la que ofrece la mejor experiencia al cliente, o la que cuida de su comunidad y empleados. Este objetivo mayor es lo que marca la dirección de la compañía, y debe estar alineado tanto con el mánager como con los colaboradores para que todos trabajen en consonancia.

Cuando estos objetivos no están alineados, se producen efectos que van mucho más allá de la simple falta de eficiencia; impactan directamente en el propósito y en la motivación de cada miembro del equipo:

- **Esfuerzos que se contraponen:** Si el responsable, los colaboradores y la organización tienen objetivos diferentes, es probable que trabajen en direcciones opuestas. Esto puede generar tensiones. Un colaborador cuyo objetivo es ser un líder en ventas puede estar enfocado en maximizar sus comisiones, mientras que la empresa quiere ser reconocida por su enfoque en la experiencia del cliente. Esta desconexión puede hacer que el colaborador priorice vender rápido en lugar de ofrecer un servicio de calidad, perjudicando la reputación de la tienda.

- **Desmotivación y falta de sentido:** Cuando los objetivos no están alineados, los colaboradores pueden sentir que su trabajo carece de sentido. Si sienten que lo que ellos quieren llegar a ser no tiene valor o no es comprendido por la organización o su responsable, es probable que pierdan la motivación. Por ejemplo, un vendedor que aspira a ser un líder en el equipo puede sentirse desmotivado si solo se le asignan tareas operativas, sin oportunidad de desarrollo. Esto no solo afecta su rendimiento, sino también su compromiso a largo plazo con la organización.

- **Falta de propósito compartido:** Si no hay un propósito compartido, el equipo puede carecer de cohesión. Cuando no hay un objetivo alineado, se pierde la sensación de que todos están trabajando hacia un fin común, lo que genera confusión y una desconexión emocional con el trabajo. La ausencia de sentido de pertenencia y de trabajo en equipo, afectará negativamente a la moral del grupo.
- **Baja productividad y pérdida de oportunidades:** La falta de alineación también puede llevar a una baja productividad. Los equipos que no tienen claro cómo sus objetivos individuales se relacionan con los objetivos de la empresa tienden a desperdiciar tiempo y recursos en actividades que no generan un impacto real en los resultados generales. Esto también puede hacer que se pierdan oportunidades importantes de crecimiento o mejora.

La alineación en los objetivos comienza con una comunicación clara sobre el propósito de cada parte. El responsable debe conocer lo que sus colaboradores quieren ser, y estos deben entender el propósito de la organización y del líder. No se trata solo de hablar de resultados, sino de hablar de aspiraciones, crecimiento y valores compartidos. Se pueden organizar reuniones periódicas donde no solo se discutan las metas numéricas, sino también los objetivos personales de cada miembro del equipo en cuanto a lo que quieren llegar a ser profesionalmente.

Es crucial que los responsables de equipo ayuden a sus colaboradores a ver cómo su objetivo personal está alineado con el propósito de la empresa. Cuando los colaboradores entienden que su crecimiento personal y profesional también contribuye a que la organización se convierta en lo que quiere ser, la motivación y el compromiso aumentan. Un ejemplo sería un colaborador que quiere llegar a dirigir equipos de venta; su responsable puede mostrarle cómo desarrollarse como referente en el equipo, lo que, además de permitirle alcanzar sus objetivos personales, también contribuirá a que la organización sea más sólida y competitiva.

El mánager debe facilitar la creación de objetivos compartidos. Estos objetivos no solo deben centrarse en resultados cuantitativos, sino en qué es lo que cada parte quiere llegar a ser en su rol. Si, por ejemplo, el objetivo de la organización es ser referencia en atención al cliente, el responsable puede establecer como objetivo ser un mentor que fomente una cultura de atención excelente y personalizada, y los colaboradores pueden alinear sus metas con ser expertos en brindar la mejor experiencia de compra posible.

Además, los objetivos no son estáticos; evolucionan con el tiempo. Es importante que el líder revise regularmente los objetivos de sus colaboradores, así como los suyos propios, y ajuste las expectativas de acuerdo con el contexto y los cambios en las prioridades de la organización. Cada seis meses, puede tener una conversación individual con los colaboradores para revisar no solo su rendimiento, sino también si están avanzando hacia lo que quieren llegar a ser y si sus objetivos están alineados con los de la empresa.

CULTIVANDO LOS RESULTADOS

Imagina un árbol como metáfora del trabajo que hacemos día a día en ventas. Este árbol tiene diferentes partes que representan los elementos clave para lograr nuestros objetivos: los resultados, las personas a las que nos dirigimos, las acciones que llevamos a cabo y nuestras habilidades y conocimientos. Este árbol no solo nos ayuda a entender cómo está estructurado nuestro trabajo, sino también a ver la importancia de cada parte para obtener los «frutos» que buscamos. Vamos a desglosarlo:

1. **Los frutos:** Los frutos de un árbol son el resultado final del trabajo que hacemos. En *retail*, los frutos son los resultados que queremos obtener: las ventas logradas, la satisfacción del cliente, la fidelización, el incremento de la tasa de con-

versión, etc. Estos frutos son visibles, y todos en la organización pueden verlos, medirlos y, al final del día, es lo que nos indica si hemos tenido éxito o no. Si en un trimestre tu objetivo es aumentar las ventas en un 20%, el número final de ventas es el fruto. Si alcanzas ese 20%, puedes ver y celebrar el resultado, como el árbol que da sus frutos maduros y listos para ser recogidos.

2. **Las ramas:** Las ramas del árbol son las personas a las que dirigimos nuestro trabajo: los clientes y también los colaboradores internos. En *retail*, el enfoque está en satisfacer las necesidades de los clientes y, al mismo tiempo, en trabajar de manera colaborativa con nuestros compañeros. Son las ramas que se extienden, conectando todo lo que hacemos con las personas a las que impactamos. Si estás vendiendo un producto, las ramas son los clientes a los que les ofreces el producto. Pero también, dentro de la tienda, son tus compañeros de equipo, los colaboradores de los que depende que el trabajo funcione de manera efectiva. Si no cuidamos a estas ramas, los frutos (resultados) no serán los que esperamos. Cada acción que tomas impacta de alguna manera a estas personas, ya sea mejorando su experiencia de compra o facilitando el trabajo en equipo dentro de la tienda.

109

3. **El tronco:** El tronco representa las acciones que hacemos día a día para llegar a lograr los frutos. Es el soporte central de nuestras actividades, y es lo que conecta directamente a las ramas (clientes y colaboradores) con los frutos (resultados). El tronco es lo que hacemos de manera tangible: ofrecer productos, dar una buena atención al cliente, hacer seguimiento de las ventas, etc. Si tu objetivo es aumentar el valor del ticket medio, tus acciones podrían incluir ofrecer productos adicionales o crear paquetes promocionales atractivos para los clientes. Estas son acciones concretas que afectan directamente al resultado final. El tronco es fundamental porque

sin acciones concretas y consistentes, no hay forma de que el árbol (nuestro negocio) crezca y produzca resultados. Las acciones son lo que hacemos para nutrir y fortalecer nuestras relaciones con los clientes y colaboradores.

4. **Las raíces:** Las raíces del árbol son lo más profundo, lo que no se ve, pero sin las cuales nada de lo demás podría existir. Son lo que nos da la capacidad para realizar las acciones correctas y con calidad. Las raíces son nuestro saber hacer, nuestro conocimiento sobre el producto, nuestras habilidades para conectar con el cliente y nuestra capacidad para resolver problemas. Si un cliente entra buscando un artículo específico, tu conocimiento del producto y de las necesidades del cliente es lo que te permite hacer una recomendación acertada. Si tienes las raíces bien desarrolladas, es decir, si tienes las habilidades y el conocimiento adecuado, podrás nutrir el tronco (acciones) y, en consecuencia, obtener mejores resultados (frutos). Las raíces se desarrollan con la formación, la experiencia y el aprendizaje continuo. Cuanto más fuertes sean tus raíces, más fuerte será el tronco, mejor podrás atender a las personas (ramas), y más abundantes serán los frutos.

Para que este árbol dé buenos frutos de manera continua, es esencial que cuides todas sus partes. Aquí te propongo algunos consejos aplicados a la realidad del *retail*:

- **Nutre las raíces:** Asegúrate de estar aprendiendo y desarrollando tus habilidades constantemente. Asiste a formaciones, comparte experiencias con tus compañeros y busca maneras de mejorar tu conocimiento del producto y del cliente. Un vendedor que entiende bien cómo combinar productos para crear una experiencia de compra más completa está utilizando sus raíces (conocimiento) para mejorar los resultados.

- **Fortalece el tronco:** Implementa acciones efectivas y consistentes. No se trata solo de vender por vender, sino de hacer las cosas con sentido. Define acciones claras y ejecuta con disciplina. Si tu tienda tiene una promoción especial, tu acción podría ser identificar qué clientes estarían más interesados en ella y proponerla de manera proactiva y atractiva.
- **Extiende las ramas con cuidado:** Conoce bien a tus clientes y colaboradores. Escúchalos, entiende lo que necesitan y adapta tus acciones para brindarles la mejor experiencia posible. Si un cliente tiene dudas sobre un producto, tu capacidad de escuchar y entender lo que busca te ayudará a ofrecerle una mejor recomendación, lo que a su vez puede mejorar tu tasa de conversión.
- **Cuida los frutos:** Recoge los resultados, pero no te detengas ahí. Una vez que obtienes un buen resultado, asegúrate de aprender de la experiencia y seguir mejorando para que el árbol siga produciendo frutos de calidad en el futuro. Si lograste aumentar las ventas en un período, evalúa qué acciones fueron clave para ese resultado y cómo puedes repetir o mejorar esas estrategias en el futuro.

Los resultados que ves al final del trimestre son solo una parte visible del proceso. Todo está conectado, y al cuidar cada parte de este árbol, te aseguras de que tu trabajo tenga un impacto real y positivo, no solo en los números, sino también en las personas a las que sirves. Sin embargo, el árbol es mucho más que los frutos que da; su valor va mucho más allá de lo que se puede ver o medir de manera inmediata. Vamos a explicar la diferencia entre el propósito de lo que hacemos y los resultados que obtenemos, y cómo podemos trasladar este enfoque a un equipo de ventas en una tienda.

El árbol representa nuestro objetivo a largo plazo, nuestro propósito y lo que realmente queremos ser como equipo de ventas o como empresa. Este árbol tiene muchos beneficios que van más allá de los frutos que da: ofrece sombra para quienes necesitan descanso, proporciona hogar a animales, puede ser usado para hacer muebles o herramientas, y embellece el entorno en el que se encuentra. Todos estos son valores y contribuciones importantes que el árbol ofrece, pero que muchas veces pasan desapercibidos porque solo se presta atención a los frutos.

En ventas, el propósito no es solo «vender más», sino ser algo más significativo para los clientes, los colaboradores y la comunidad. Un equipo de ventas que se enfoca en ser el referente en atención personalizada está buscando algo más que aumentar las ventas. Su objetivo es construir una relación sólida con los clientes, ser conocidos por su excelente servicio y ser el lugar al que los clientes recurren cuando buscan un trato especial. Eso es el árbol, un propósito más grande que los números.

Los frutos, en cambio, son los resultados concretos y medibles que obtenemos: las ventas, la tasa de conversión, el ticket medio, la satisfacción del cliente medida a través de encuestas. Los frutos son importantes, porque son la manera en que medimos nuestro progreso, pero no deben confundirse con el árbol en sí. Si solo te centras en los frutos, corres el riesgo de no cuidar el árbol, y eventualmente, dejará de producir. Si el objetivo del equipo de ventas es ofrecer un excelente servicio al cliente, los frutos podrían ser una mayor lealtad de los clientes, un incremento en las ventas o una mejora en las opiniones *online* de la tienda. Sin embargo, si los vendedores solo se enfocan en vender más (los frutos) y olvidan el servicio personalizado (el árbol), en el largo plazo el propósito se perderá y los resultados también se verán afectados.

La clave está en entender que el árbol (el objetivo, el propósito) debe ser el foco principal, y los frutos (los resultados) son simplemente una consecuencia de tener un árbol saludable. Un equipo de ventas no debe perseguir solo los resultados inmediatos, sino enfocarse en ser algo más: una tienda que sea sinónimo de buena atención, un lugar donde los clientes se sientan valorados, un equipo que trabaja con compromiso. Si el árbol está sano y se cuida, los frutos llegarán de manera natural. Por ejemplo, si un vendedor solo se centra en llegar a una cifra de ventas mensual, podría presionar demasiado al cliente o priorizar ventas rápidas sobre relaciones a largo plazo. Sin embargo, si su enfoque está en ser el mejor asesor para sus clientes, probablemente desarrollará relaciones más sólidas, hará recomendaciones más acertadas y los resultados (ventas) llegarán sin que esa presión sea su única motivación. Te dejo unas recomendaciones sobre cómo plasmar esto en un equipo de vendedores de tienda:

- **Enfocar el trabajo en el «ser»:** Explica a tu equipo que lo que define el éxito de la tienda no son solo las cifras de ventas, sino lo que son como equipo y cómo impactan en sus clientes. El verdadero objetivo no es solo vender productos, sino construir una reputación sólida basada en el servicio y la experiencia del cliente. Esto debe estar en el centro de todas las decisiones y acciones. Haz que los vendedores piensen más allá de la venta del día. En lugar de solo enfocarse en la cantidad de productos vendidos, que piensen en cómo cada interacción con un cliente ayuda a construir la reputación de la tienda como el lugar con el mejor servicio de la ciudad.

113

- **Valorar algo más que los números:** Los resultados son importantes, pero no son lo único que cuenta. Asegúrate de que el equipo entienda que su éxito no solo se mide por los números, sino también por cómo contribuyen al propósito general. Esto incluye ofrecer un ambiente acogedor, ser referentes en atención y crear un espacio donde los clientes se sientan valorados. Reconoce y celebra no solo a los vendedores que alcanzan sus metas de ventas, sino también a quienes demuestran un excelente servicio al cliente, solucionan problemas de manera efectiva o reciben buenos comentarios de los clientes, aunque ese día no hayan vendido tanto.

- **Cuidar del árbol para asegurar resultados sostenibles:** Anima a los vendedores a enfocarse en las acciones diarias que fortalecen al árbol. Si el equipo se enfoca en hacer las cosas bien (escuchar a los clientes, ofrecer apoyo a los compañeros o conocer bien los productos), los frutos (ventas, satisfacción) aparecerán de manera natural y sostenida. Un vendedor que invierte tiempo en entender las necesidades del cliente y ofrecer una solución adecuada puede que no cierre la venta ese mismo día, pero esa persona probablemente volverá y, a largo plazo, se convertirá en un cliente fiel. El vendedor está nutriendo el árbol, lo que dará frutos más consistentes con el tiempo.
- **Promover un enfoque de largo plazo:** Ayuda a tu equipo a pensar a largo plazo. Un árbol no da frutos de un día para otro, requiere tiempo, cuidado y dedicación. De igual manera, las relaciones con los clientes y los resultados duraderos no se consiguen con acciones rápidas, sino con una atención y dedicación constante.

El verdadero éxito en el mundo de las ventas no se trata solo de alcanzar resultados inmediatos (los frutos), sino de cuidar el árbol (el propósito y el objetivo a largo plazo) que genera esos resultados. Un equipo de ventas debe centrarse en «ser» más que en simplemente «tener» o «hacer». Si el equipo logra ser una referencia en servicio al cliente, crear una cultura de trabajo colaborativo y desarrollar relaciones con sus clientes, los frutos (las ventas, la fidelización) llegarán como una consecuencia natural de ese trabajo bien hecho.

MEDIR LO IMPORTANTE

Es común que, en muchos equipos de ventas, la obsesión por alcanzar las metas o los números genere ansiedad, distrayendo a los vendedores de lo más importante: las acciones que realmente llevan a esos resultados. Aunque medir es crucial, es fundamental que los equipos comprendan que los indicadores no son el objetivo final, sino una herramienta que debe utilizarse de manera equilibrada.

Medir no solo sirve para saber si has alcanzado un número, sino para entender qué aspectos de tu proceso de ventas necesitas mejorar. Al revisar los indicadores, puedes identificar en qué parte del proceso de venta se encuentran los mayores desafíos, y así enfocar tus esfuerzos de manera más inteligente.

Los indicadores te dan una especie de retroalimentación constante sobre cómo estás avanzando hacia tus objetivos. Si se usan bien, pueden ayudarte a ajustar el rumbo antes de que sea demasiado tarde, permitiéndote corregir pequeñas desviaciones y optimizar tu desempeño día a día. Por ejemplo, si notas que el ticket medio ha disminuido en la última semana, puedes revisar rápidamente si tus acciones han cambiado: ¿estás sugiriendo menos productos complementarios? ¿Ha cambiado la estrategia promocional? Esto te permite hacer ajustes antes de que se convierta en un problema mayor.

Medir correctamente no es solo obtener números; es una manera de proporcionar claridad sobre qué áreas necesitan más atención. Los indicadores sirven para enfocar a los equipos en las acciones que son más efectivas, en lugar de dispersar esfuerzos en múltiples frentes. La medición regular y el seguimiento de los indicadores generan una cultura de disciplina en los equipos. Cuando el equipo de ventas sabe que hay mediciones periódicas, son más consistentes en sus acciones diarias y en seguir los procesos que llevan al éxito, no solo en perseguir los números.

Por otro lado, medir te ayuda a detectar patrones de éxito que puedes replicar. Cuando se revisan los resultados de manera objetiva, puedes identificar qué acciones o comportamientos específicos han contribuido al logro de los objetivos y trabajar para replicarlos de manera más intencional. Medir bien te da información objetiva para tomar decisiones estratégicas. Más allá de la presión por alcanzar metas, los indicadores te brindan datos sobre qué funciona y qué no, lo que te permite alinear mejor las acciones con los objetivos a largo plazo y hacer ajustes proactivos en lugar de reactivos.

Medir no siempre tiene que enfocarse en grandes resultados a largo plazo. Cuando se dividen los objetivos en metas más pequeñas y alcanzables, los indicadores pueden proporcionar una sensación de progreso. Ver pequeñas mejoras a lo largo del tiempo mantiene a los equipos motivados y enfocados. Si tu objetivo trimestral es mejorar las ventas en un 15%, dividir ese objetivo en metas mensuales o semanales permite a los vendedores ver el progreso y mantenerse motivados, en lugar de sentirse abrumados por la magnitud del objetivo final.

Además, el seguimiento de indicadores ayuda a crear una cultura donde todos son responsables no solo de los resultados finales, sino de las acciones que los llevan a esos resultados. Cada vendedor puede ver cómo sus acciones impactan en los indicadores clave y hacerse cargo de su contribución a los objetivos generales.

Cuando los equipos de ventas se centran exclusivamente en los resultados y las mediciones sin considerar las acciones éticas y sostenibles, se corre el riesgo de crear incentivos perversos que llevan a comportamientos inapropiados o incluso fraudulentos. Existen algunos ejemplos clásicos que ilustran cómo el enfoque desmedido en los resultados puede derivar en este tipo de situaciones.

- **El caso de las serpientes en la India:** Durante la época colonial en la India, el gobierno británico intentó controlar la plaga de serpientes venenosas en la ciudad de Delhi ofreciendo una recompensa por cada cobra muerta. La idea era que las personas atraparan y mataran serpientes para recibir la recompensa, lo que parecía una forma sencilla de reducir la población de cobras. Sin embargo, el plan salió mal. Muchos ciudadanos comenzaron a criar serpientes en sus hogares para luego matarlas y cobrar la recompensa. Cuando el gobierno descubrió el fraude, canceló el programa, pero al hacerlo, muchas de las serpientes criadas fueron liberadas, empeorando el problema inicial. Este ejemplo muestra cómo un enfoque excesivamente simplista en los resultados (reducir el número de serpientes) sin considerar las posibles acciones (criar serpientes para obtener recompensas) puede llevar a resultados desastrosos. El sistema de recompensas incentivó un comportamiento que no resolvía el problema, sino que lo agravaba.

- **El escándalo de Wells Fargo:** Uno de los ejemplos más recientes y conocidos de cómo la presión desmedida sobre los resultados puede llevar al fraude es el escándalo de Wells Fargo. En 2016, se descubrió que los empleados del banco habían abierto millones de cuentas falsas a nombre de clientes sin su conocimiento, todo para cumplir con las altas metas de ventas impuestas por la dirección. Los empleados estaban bajo una inmensa presión para cumplir con objetivos de venta imposibles, lo que llevó a prácticas fraudulentas como la creación de tarjetas de crédito y cuentas corrientes no autorizadas. El daño a la reputación del banco fue enorme, y la organización tuvo que pagar miles de millones en multas y compensaciones.

Cuando las organizaciones y los equipos de ventas se centran exclusivamente en los resultados y en las cifras, y dejan de lado las acciones correctas y éticas que deben llevar a esos resultados, se crean incentivos perversos que pueden generar fraudes, malas prácticas o decisiones que perjudican a largo plazo. La clave es encontrar un equilibrio: medir y seguir los resultados es importante, pero es crucial orientar a los equipos hacia las acciones y los valores que permiten lograr esos resultados de manera sostenible y ética. Al final del día, lo importante no es solo alcanzar las metas, sino cómo se alcanzan.

La Ley de Goodhart, formulada por el economista británico Charles Goodhart, dice: «Cuando un indicador se convierte en un objetivo, deja de ser un buen indicador». La interpretación más común es que cuando los números o las mediciones se convierten en el objetivo principal, los empleados o sistemas pueden manipularse o adaptarse para cumplir con esos indicadores, sin necesariamente mejorar el aspecto real que se estaba midiendo. En otras palabras, el indicador deja de reflejar la realidad y pierde su utilidad.

Esta ley se popularizó en los años 70 cuando Charles Goodhart la formuló para describir cómo, en las políticas monetarias del Reino Unido, los indicadores que se usaban para medir el éxito económico (como la oferta de dinero) dejaron de ser fiables cuando se convirtieron en objetivos explícitos. Este principio se ha aplicado a muchos otros campos, desde la economía hasta los sistemas de gestión del desempeño.

En el contexto del *retail*, la Ley de Goodhart puede aparecer cuando un equipo de ventas o una organización se centra tanto en un indicador específico (como las ventas, la tasa de conversión o el ticket medio) que este deja de reflejar el verdadero éxito del negocio y conduce a comportamientos que dañan la calidad del servicio, la ética de las ventas o el bienestar del equipo. En el contexto del *retail* y las ventas, es crucial evitar que los números se conviertan en el único objetivo, y en su lugar, centrarse en las acciones correctas, los valores y el propósito de lo que se está haciendo. Si el equipo de ventas se enfoca en lo que realmente importa —el cliente, la calidad del servicio y las acciones que crean valor a largo plazo— los resultados vendrán de manera natural y sostenible, y los indicadores seguirán siendo herramientas útiles y no barreras para el éxito.

Un mal uso de los indicadores en ventas puede llevar a comportamientos y prácticas que buscan manipular los números en lugar de mejorar el rendimiento real. Esto ocurre cuando los vendedores se enfocan tanto en cumplir con los indicadores que buscan maneras de mejorar artificialmente los números, sin aportar verdadero valor al negocio ni al cliente. Algunos ejemplos comunes de este tipo de comportamientos son:

- **Vendedores que se agachan al pasar por la puerta de la tienda para no contar en la tasa de conversión:** Algunas tiendas utilizan sensores en las puertas para contar el número de personas que entran. Este dato se usa para calcular la tasa de conversión, es decir, el porcentaje de visitantes que finalmente hacen una compra. Si los vendedores pasan por las puertas varias veces durante su turno, pueden bajar la tasa de conversión al aumentar el número de entradas sin compras. Para evitarlo, hay vendedores que se agachan o evitan los sensores, con el fin de «mejorar» la tasa de conversión. Este comportamiento distorsiona la realidad y hace que la tasa de conversión no refleje el verdadero rendimiento de la tienda. Además, en lugar de concentrarse en mejorar su atención al cliente o las estrategias de venta, los empleados gastan tiempo y energía en evitar que el sistema registre sus movimientos. Al final, los gestores toman decisiones basadas en datos falsos, lo que puede llevar a estrategias equivocadas.

- **Juntar tickets para aumentar el ticket medio:** En lugar de hacer ventas separadas, algunos vendedores agrupan varias compras en un solo ticket con el objetivo de aumentar el ticket medio. Esto hace que parezca que cada cliente gasta más, pero en realidad es solo una manipulación del sistema de ventas para inflar artificialmente los números. Este tipo de manipulación genera una ilusión de éxito, pero no refleja el comportamiento real de los clientes ni el verdadero rendimiento del equipo de ventas. A largo plazo, puede resultar en decisiones de negocio equivocadas, ya que los responsables verán un ticket medio más alto de lo que realmente es, lo que podría llevar a ajustar la estrategia de productos o promociones basándose en datos falsos.

- **Fingir ventas o devoluciones para cumplir con los presupuestos de ventas:** En algunos casos, cuando los vendedores están bajo mucha presión para cumplir con las metas de ventas, podrían crear transacciones falsas o realizar compras que luego devolverán solo para cumplir con los objetivos del día. Aunque esta práctica es menos común, ocurre en situaciones de alta presión. Estas acciones no solo son deshonestas, sino que también perjudican el negocio a largo plazo. Si los directivos piensan que las ventas están subiendo cuando en realidad son ficticias, pueden tomar decisiones erróneas sobre compras, marketing o promociones. Además, este tipo de prácticas daña la moral del equipo y puede promover una cultura de engaño y falta de transparencia.

Para evitar caer en estas conductas y hacer que los indicadores sigan siendo útiles, es fundamental alinear los indicadores con los objetivos a largo plazo. No se trata solo de aumentar una cifra, sino de entender por qué ese número es importante y qué acciones correctas lo harán subir de manera natural.

También debemos equilibrar las mediciones de indicadores cuantitativos y cualitativos. No todo lo importante se puede medir numéricamente. Incluir métricas cualitativas, como la satisfacción del cliente o la evaluación de las interacciones con los clientes, puede ayudar a garantizar que el enfoque no esté solo en los números, sino en la experiencia general.

Otra buena práctica es fijar metas intermedias o procesos que permitan a los vendedores concentrarse en acciones concretas y no solo en el resultado final. Esto reduce la presión por alcanzar la cifra a toda costa y orienta al equipo hacia los pasos necesarios para conseguir buenos resultados.

Por último, fomentar una cultura de aprendizaje y mejora continua donde los indicadores sirvan como herramientas de aprendizaje provocará que los equipos no se enfocarán solo en cumplir las cifras, sino en mejorar sus habilidades y procesos de manera constante. Por ejemplo, si la tasa de conversión es baja, en lugar de presionar solo para que suba, ofrecer formación para mejorar la atención al cliente, identificar puntos débiles y dar feedback constructivo sobre cómo mejorar las interacciones.

REFLEXIÓN SOBRE LOS OBJETIVOS

Había una vez un pescador que vivía en un pequeño pueblo costero. Cada mañana salía temprano al mar con su barca, pescaba lo necesario para alimentar a su familia y vender algo en el mercado, y volvía al puerto al mediodía. Por las tardes, disfrutaba de su tiempo descansando en la playa, charlando con amigos y jugando con sus hijos. Un día, un empresario adinerado llegó al pueblo de vacaciones. Al ver al pescador descansando junto a su barca, le preguntó:

—¿Por qué no estás pescando?

El pescador, tranquilo, respondió:

—Ya he pescado lo suficiente por hoy. Tengo lo necesario para mi familia y un poco para vender mañana.

El empresario, extrañado, le sugirió:

—Pero si salieras a pescar más tiempo, podrías tener más peces. Con más peces podrías vender más, hacer más dinero y comprar una barca más grande. Con una barca más grande, podrías pescar aún más y ganar más dinero. Con el tiempo, podrías construir una flota de barcos y convertirte en un empresario pesquero. Podrías mudarte a una gran ciudad, expandir tu negocio y tener grandes beneficios.

El pescador lo escuchaba pacientemente y luego preguntó:

—¿Y después?

121

—Bueno —respondió el empresario, emocionado—. Después podrías jubilarte. Entonces podrías mudarte a un pequeño pueblo costero como este, pescar solo cuando quisieras, disfrutar del tiempo con tu familia, descansar bajo el sol y vivir sin preocupaciones.

El pescador sonrió y, señalando el mar, respondió:

—Pero eso es lo que ya soy y lo que ya hago todos los días.

Esta sencilla fábula nos deja una profunda lección sobre cómo entendemos nuestros objetivos y hacia dónde dirigimos nuestras acciones. A menudo, nos enfocamos demasiado en el hacer —realizar acciones constantemente para alcanzar metas— y en el tener —acumular bienes o logros—, sin detenernos a reflexionar sobre quién queremos realmente ser.

El «ser» de una tienda o de un equipo de ventas puede estar relacionado con cómo desean ser percibidos por los clientes: ¿Queremos ser conocidos por ofrecer un servicio personalizado? ¿Queremos ser una referencia de calidad en nuestro sector? ¿Queremos ser un equipo que fomente la lealtad y el bienestar de sus empleados? Estas preguntas nos ayudan a definir el propósito de fondo de lo que hacemos.

El «hacer» son las acciones y estrategias que implementamos para alcanzar nuestros objetivos. Estas acciones pueden ser necesarias, pero no siempre garantizan el resultado final si no están alineadas con el propósito de «ser».

En el retail, el «hacer» se manifiesta en las acciones cotidianas: realizar promociones, ofrecer artículos complementarios o atraer más clientes. Estas son acciones importantes, pero si no están alineadas con lo que la tienda quiere ser, se corre el riesgo de perder el rumbo. Un equipo de ventas podría concentrarse exclusivamente en alcanzar metas de ventas a corto plazo, pero ¿qué sucede si esas acciones comprometen la experiencia del cliente o la cohesión del equipo? Aumentar las ventas no debería estar reñido con ofrecer un servicio de calidad o mantener un buen ambiente laboral.

El «tener» se refiere a los resultados o recompensas que obtenemos después de nuestras acciones. En el *retail*, el «tener» se refleja en los indicadores de ventas, el crecimiento del negocio o el éxito financiero. Estos son resultados importantes, pero no deberían ser el único objetivo. Si una tienda solo se enfoca en tener más beneficios, puede perder de vista lo más importante: el ser una tienda que se ocupa de sus clientes y empleados, y que ofrece una experiencia de compra única.

Una tienda que quiere ser un referente en atención personalizada y la experiencia del cliente debe asegurarse de que sus acciones (el «hacer») —como las técnicas de venta, las estrategias de marketing o las campañas promocionales— no comprometan esa esencia. Si la presión por tener mejores resultados en ventas hace que el equipo se enfoque únicamente en vender más, a cualquier precio, es probable que se pierda la conexión con los clientes y la reputación que quería construir.

En conclusión, fijar objetivos requiere un equilibrio. Primero, debemos definir claramente quién queremos ser como negocio o como equipo, luego asegurarnos de que nuestras acciones estén alineadas con ese propósito, y finalmente, los resultados vendrán de manera natural, reflejando lo que verdaderamente valoramos.

123

+ Tool 9: Árbol de objetivos

124

Un mapa estratégico conecta cómo las competencias impulsan los procesos, los procesos satisfacen a los clientes y esto se traduce en resultados exitosos para la organización. Las competencias (habilidades y conocimientos del equipo) forman la base para ejecutar procesos eficientes. Estos procesos son las acciones clave que la organización realiza para generar valor. A su vez, estos procesos impactan en los clientes, mejorando su experiencia y satisfacción. Como resultado final, clientes satisfechos y procesos eficientes conducen a resultados positivos, como aumento de ventas y rentabilidad.

Objetivo

Visualizar y estructurar los objetivos del equipo identificando sus componentes esenciales y el impacto en todas las áreas relacionadas.

Desarrollo de la dinámica

1. **Definición del tipo de árbol:** Pide al equipo que defina qué tipo de

árbol quieren ser, es decir, cuál es el objetivo general que desean alcanzar. Escribe el objetivo definido en la parte superior de la pizarra.

2. **Identificación de las raíces:** Solicita al equipo que reflexione sobre las habilidades, competencias y conocimientos necesarios para tener éxito en el próximo período. Cada participante escribe en pósits las competencias clave, como «Comunicación efectiva», «Conocimiento del producto», «Resolución de problemas», y las coloca en la parte inferior de la pizarra, representando las raíces del árbol.

3. **Con las raíces definidas, pregunta al equipo:** «¿Qué procesos necesitamos implementar o mejorar para aprovechar estas competencias?». Cada participante escribe los procesos en pósits y los coloca encima de las raíces, formando el tronco del árbol. Discute brevemente cómo estos procesos conectan con las habilidades identificadas.

4. **Desarrollo de las ramas:** Ahora que el tronco (procesos) está definido, pregunta: «¿A quién impactarán estos procesos y de qué manera?». Cada participante identifica el impacto en diferentes grupos: clientes, colaboradores, comunidad, proveedores, etc. Escriben estos impactos en pósits y los colocan como ramas que se extienden desde el tronco.

5. **Visualización de los frutos:** Pregunta: «¿Qué resultados esperamos obtener si logramos estos impactos en las personas?». Cada participante escribe en pósits los resultados esperados. Colocan estos pósits en la parte superior del árbol, representando los frutos.

6. **Reflexión final:** Revisa el árbol completo y reflexiona sobre cómo todo está interconectado. A partir de esta visión global, el equipo formula un objetivo común que refleje todo el proceso. Ejemplo: «¿Cómo podríamos fortalecer nuestras habilidades de comunicación para ser un equipo que brinda una atención excepcional y lograr un incremento del 20% en las ventas?».

7. **Definición de acciones:** Con el objetivo global en mente, cada miembro del equipo elige una acción específica relacionada con su área de influencia que contribuya a alcanzar el objetivo.

+ Tool 10: Objetivos compartidos

El «ser» en los objetivos se refiere a la identidad y propósito del equipo. Al decir «Queremos ser..»., el equipo se enfoca en definir cómo quiere ser percibido y qué rol desea desempeñar, más allá de las metas numéricas. Este enfoque conecta con su motivación interna y guía las acciones hacia un propósito común y compartido.

Objetivo

Establecer el objetivo principal para el próximo período de forma colaborativa y consensuada.

Desarrollo de la dinámica

1. **Formación de grupos:** Divide al equipo en grupos de 4 personas. Asegúrate de que cada grupo tenga espacio para trabajar de manera independiente.

2. **Generación de objetivos:** Entrega 4 pósits y un rotulador a cada participante. Pide a cada persona que escriba 4 posibles objetivos para

el próximo período, comenzando con la frase «Queremos ser...». Los objetivos deben ser concretos, por ejemplo: «Queremos ser el equipo con mayor número de productos exclusivos vendidos».

3. **Selección inicial de objetivos:** Cada persona pasa sus 4 pósits al compañero de su izquierda. El compañero revisa los 4 objetivos y selecciona el que le parece menos relevante. Este pósit se retira de la dinámica y se deja en el centro de la mesa. Se repite el proceso hasta que cada persona reciba solo un pósit, que representa el objetivo más valorado de sus 4 originales según la opinión de sus compañeros.

4. **Evaluación de objetivos:** Cada grupo coloca sus 4 pósits finales (uno por cada integrante) en la pizarra. Cada participante recibe 10 hipotéticos euros en forma de monedas de papel o tarjetas. Deben repartir estos 10 euros entre los 4 objetivos de su grupo, sin poder votar por su propio objetivo. Se suma el total de euros para cada objetivo y se determina cuál es el más votado en cada grupo. Ese será el objetivo final del grupo.

5. **Exposición de objetivos y votación general:** Todos los participantes vuelven a recibir 10 euros para votar, esta vez entre todos los objetivos de los grupos. No pueden votar por el objetivo del grupo al que pertenecen. El objetivo con mayor número de euros será el objetivo principal para el próximo período.

6. **Cierre y compromisos:** Cada grupo escribe una acción concreta que va a implementar para contribuir al objetivo común.

+ Tool 11: Definición del propósito

128

El propósito proporciona una dirección clara y significativa a las acciones de un equipo. No solo motiva, sino que también alinea a todos hacia un objetivo compartido que va más allá de las cifras, generando compromiso y sentido de pertenencia. Con un propósito definido, cada tarea cobra un sentido mayor, lo que impulsa el rendimiento y la satisfacción personal, al conectar el «qué hacemos» con el «para qué lo hacemos».

Objetivo

Definir el propósito y objetivo de un equipo de ventas mediante la exploración profunda de su razón de ser utilizando la técnica de «los cinco para qué»

Desarrollo de la dinámica

1. **Introducción:** Explica brevemente la diferencia entre los «porqués» (centrados en causas) y los «para qués» (centrados en propósito). Define que el objetivo de la dinámica es explorar y alinear el propósito

del equipo de ventas, respondiendo a la pregunta: «¿Para qué hacemos lo que hacemos, más allá de para ganar dinero?».

2. **Identificación del objetivo:** Pide al equipo que identifique el objetivo principal de ventas en el que desean enfocarse como, por ejemplo: «Incrementar las ventas en un 20% en la próxima campaña». Escribe este objetivo en el centro de la pizarra o papelógrafo.

3. **Primer «para qué»:** Pregunta al equipo: «¿Para qué queremos incrementar las ventas en un 20%?». Anota las respuestas en pósits y pégalas alrededor del objetivo inicial. Identifica la respuesta que mejor represente el propósito del equipo.

4. **Segundo «para qué»:** Pregunta nuevamente: «¿Para qué queremos [respuesta seleccionada en la ronda anterior]?». Repite el proceso, anotando y seleccionando la respuesta que más resuene con el equipo.

5. **Rondas siguientes:** Continúa haciendo la pregunta «¿Para qué...?» basándote en la respuesta seleccionada de la ronda anterior, profundizando en el propósito del equipo en cada paso.

6. **Síntesis del propósito:** Tras completar los 5 para qué, elabora una síntesis de las respuestas finales. Redacta una frase que resuma el propósito global del equipo, por ejemplo: «Queremos incrementar nuestras ventas para ser reconocidos como el equipo que crea experiencias de compra memorables, fidelizando a nuestros clientes y aportando valor sostenido a la empresa».

7. **Definición del objetivo de ventas basado en el propósito:** Utilizando el propósito descubierto, elabora un objetivo de ventas que esté alineado con este propósito. Cada miembro del equipo propone una acción específica que ayudará a alcanzar este objetivo de ventas basado en el propósito. Se registran las acciones y se establece un plan de seguimiento.

 **+ Tool 12: Objetivos y acciones**

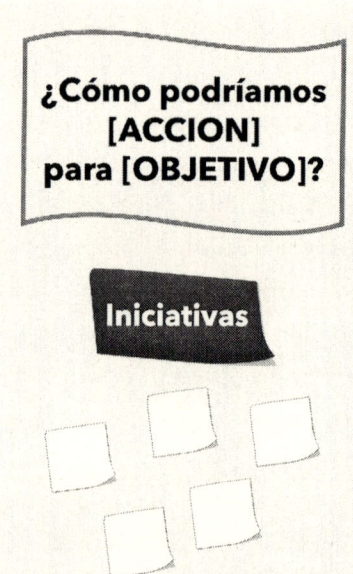

¿Cómo podríamos [ACCION] para [OBJETIVO]?

Iniciativas

En la definición de objetivos, las frases «*How might we…*» (o «¿Cómo podríamos…?») son útiles porque transforman una intención en una pregunta abierta que invita a la acción y la creatividad. En lugar de simplemente establecer un objetivo como un hecho, esta estructura fomenta la exploración de diferentes opciones para alcanzarlo. Por ejemplo, «¿Cómo podríamos mejorar la satisfacción del cliente?» no solo define el objetivo, sino que abre la puerta a pensar en diversas maneras de lograrlo, motivando al equipo a proponer soluciones innovadoras y prácticas. Esto facilita la alineación y el compromiso en torno a un objetivo compartido.

OBJETIVO

Identificar y consensuar un objetivo común para el equipo, generando acciones concretas para alcanzarlo, dividiendo el enfoque en acciones y propósito.

DESARROLLO DE LA DINÁMICA

1. **Explicación:** Forma un círculo con todo el equipo. Explica que cada persona compartirá su perspectiva sobre dónde debe enfocarse el equipo en el próximo período. No habrá debate en esta fase, solo escucha y reflexión.

2. **Ronda de enfoque individual:** Comienza con una persona que explique en no más de 1-2 minutos dónde cree que el equipo debe poner el foco en el próximo período. A medida que cada persona habla, las demás escuchan atentamente sin interrumpir ni comentar. Se pasa la palabra en sentido horario hasta que todos hayan compartido su punto de vista.

3. **Reflexión individual:** Cada persona reflexiona en silencio sobre lo escuchado y escribe en una hoja tamaño A4 una frase utilizando la siguiente estructura: «¿Cómo podríamos [acción/verbo] para ser [objetivo o propósito]?». Ejemplo: «¿Cómo podríamos mejorar la atención para ser la tienda de referencia en satisfacción del cliente?». Cada participante comparte su frase con el resto del equipo, pegando la hoja en la pizarra o colocándola en un espacio visible para todos.

4. **Consenso:** El grupo analiza las frases presentadas y selecciona la que consideren más representativa, o fusionan elementos de varias frases para crear una nueva que capture el espíritu de todas. Si es necesario, refinan la frase hasta que todos estén de acuerdo en su contenido. La frase final debe seguir la estructura inicial: «¿Cómo podríamos [acción/verbo] para ser [objetivo o propósito]?».

5. **Definición de objetivo y acciones:** La segunda parte de la frase («para ser...») define el objetivo global que quiere alcanzar el equipo. A partir de la primera parte de la frase («¿Cómo podríamos...?»), el equipo identifica 3-5 iniciativas concretas que deben realizar para alcanzar el objetivo. Por ejemplo: «¿Cómo podríamos mejorar la atención al cliente...?» se traduce en iniciativas como «implementar un programa de formación en servicio al cliente» o «realizar encuestas de satisfacción después de cada compra». Se asignan responsables y plazos para cada acción, anotando los compromisos en un lugar visible.

Ponte las pilas en lugar de poner excusas.

5. Método
La venta centrada en soluciones

Es mejor cojear por el camino que avanzar a grandes pasos fuera de él. Pues quien cojea en el camino, aunque avance poco, se acerca a la meta, mientras que quien va fuera de él, cuanto más corre, más se aleja.

San Agustín

UN CAMINO TRANSFORMADOR

Los que me conocen saben que, hace algunos años, era responsable de un área en una multinacional textil con una extensa red de tiendas por todo el país. Como muchos líderes en el sector *retail*, mi modelo de gestión se basaba en lo que yo pensaba que era necesario para mejorar los resultados de mi área: identificar errores, señalar lo que no estaba funcionando y establecer un control riguroso para corregir el rumbo. Creía que esa era la forma más efectiva de alcanzar los objetivos, hasta que un evento cambió radicalmente mi visión.

Buscando nuevas formas de mejorar el desempeño de mi equipo comercial, decidí organizar una actividad diferente para los equipos de nuestras tiendas: realizar el Camino de Santiago en 30 etapas, con relevos de personas de distintas tiendas. La idea era fomentar el trabajo en equipo y el compromiso con una meta común. Durante esa experiencia, recibí un *feedback* que me dejó sin palabras. Una de las participantes se acercó a mí y, con toda sinceridad, me dijo: «Marcos, la gente te tiene miedo». Fue un golpe duro. Me di cuenta de que mi estilo de liderazgo, basado en la crítica y el control, estaba generando una atmósfera de tensión y desconfianza en las personas de mi equipo.

Esa conversación fue el primer paso de mi propio camino de transformación. Comprendí que, si realmente quería motivar y empoderar a mi equipo, necesitaba cambiar mi enfoque. Dejé de centrarme en lo que no hacían bien y empecé a prestar atención a las fortalezas de cada persona, a centrarme en la comunicación en positivo y a desarrollar la confianza mutua. Comencé a delegar y a enfocar las conversaciones en las soluciones posibles, no en los errores pasados. El cambio fue notable, no solo en los resultados, sino en el ambiente de trabajo y en el compromiso de cada miembro del equipo.

Desde aquel cambio de rumbo en el año 2006, he tenido la oportunidad de trabajar con miles de vendedores de todos los sectores, ámbitos y nacionalidades, desde las más grandes multinacionales hasta pequeños comercios locales. A lo largo de estos años, he comprobado una y otra vez que el enfoque centrado en soluciones no solo genera resultados extraordinarios, sino que también provoca un desarrollo personal y profesional contagioso y exponencial en aquellos que lo aplican. Los ambientes de trabajo se transforman, las relaciones entre las personas mejoran, y los profesionales crecen en sus organizaciones de una manera que antes parecía imposible.

Puedo atestiguar que este enfoque ha contribuido a que muchos profesionales del *retail*, no solo en España, también en Reino Unido, Portugal, Italia…, encuentren un camino para desarrollarse plenamente, asumiendo roles de liderazgo y marcando la diferencia dentro de sus empresas. Al cambiar el foco hacia los recursos positivos, la delegación y el compromiso con objetivos compartidos, dejamos atrás la mirada fija en lo que falta, la culpa y el control.

El *retail* es un sector en el que vivimos en constante presión, donde los resultados parecen ser el único indicador de éxito. Pero ¿qué pasaría si empezáramos a enfocarnos en las soluciones y en los recursos que ya están presentes en nuestros equipos? ¿Qué pasaría si, en lugar de señalar lo que falta, identificáramos y ampliáramos lo que ya está funcionando?

En este capítulo, te invito a descubrir cómo se puede transformar la forma en que lideras y trabajas con tu equipo. Veremos cómo definir objetivos centrados en las soluciones, cómo utilizar preguntas de escala para explorar y reforzar los recursos existentes, y cómo, a través de la comunicación en positivo, puedes construir un ambiente de trabajo basado en la confianza y el compromiso.

Al final del capítulo, tendrás no solo una comprensión clara de cómo aplicar este enfoque en tu tienda, sino también herramientas prácticas para empezar a implementarlo de inmediato. Porque, a veces, el cambio comienza con un simple giro en la perspectiva: dejar de mirar lo que falta y empezar a ver lo que ya está, listo para ser utilizado y potenciado. Este es, desde hace casi dos décadas, mi camino personal y profesional, y te invito a recorrerlo conmigo. Si estás dispuesto a cambiar la forma en la que ves y lideras a tu equipo, este capítulo puede ser el primer paso en tu propia transformación. ¡Buen camino!

LA ESENCIA DEL MÉTODO

El enfoque centrado en soluciones parte del principio fundamental que es más efectivo construir sobre lo que ya funciona y dirigir las conversaciones hacia las soluciones, que profundizar en los problemas. Esta perspectiva no implica ignorar los desafíos, sino abordarlos desde una óptica proactiva y positiva, promoviendo el uso de los recursos y fortalezas ya existentes. Para aplicar el ECS en un equipo de vendedores de tienda, emplearemos una serie de técnicas y preguntas diseñadas para guiar el proceso hacia la identificación y el desarrollo de soluciones concretas.

El primer paso consiste en definir el objetivo de manera positiva y concreta. Es crucial evitar formularlo en términos de lo que no se desea, como «Queremos reducir las quejas de los clientes». En su lugar, es mejor establecer un objetivo claro como «Queremos mejorar la satisfacción del cliente en el servicio postventa». De esta manera, el equipo tiene una dirección clara y un propósito que inspirará acciones específicas y constructivas.

Una vez definido el objetivo, es útil visualizar el futuro deseado. Guiar al equipo para que imagine cómo sería la situación ideal una vez alcanzado el objetivo ayuda a mantener el enfoque y la motivación. Preguntar «¿Cómo sabremos que hemos mejorado la experiencia de nuestros clientes? ¿Qué nos dirán o cómo se comportarán cuando logremos nuestro objetivo?» permite construir una imagen clara del éxito, lo cual es crucial para mantener el rumbo y medir el progreso.

Con ese futuro deseado ya visualizado con detalle, el siguiente paso es identificar éxitos anteriores. Se invita al equipo a reflexionar sobre situaciones similares en las que hayan tenido éxito, lo que ayuda a reconocer las capacidades y recursos que ya poseen. Por ejemplo, preguntar «¿Recordáis alguna ocasión en la que un cliente se fue muy satisfecho después de resolverle una reclamación? ¿Qué hicimos en esa ocasión que podríamos repetir ahora?» permite al equipo recordar sus logros y basarse en ellos para enfrentar los nuevos desafíos.

Después de identificar los éxitos, es esencial explorar los recursos y fortalezas del equipo. Esta etapa se centra en descubrir qué habilidades, conocimientos y recursos están disponibles para alcanzar el objetivo planteado. Preguntas como «¿Cuáles son las fortalezas de nuestro equipo que podemos utilizar para mejorar la experiencia de nuestros clientes?» permiten a cada miembro reconocer su valor y el del grupo, promoviendo una mentalidad de colaboración y empoderamiento profesional.

El siguiente paso es generar pequeñas acciones o pasos concretos que puedan ponerse en práctica de inmediato. Aquí se busca que los vendedores piensen en acciones específicas y realistas que los acerquen al objetivo. Una pregunta efectiva en este contexto sería: «¿Qué es lo más pequeño que podemos hacer hoy para que los clientes se sientan más satisfechos cuando tengan un problema?». Este tipo de preguntas ayudan a traducir las ideas en acciones tangibles, fomentando un sentido de avance y logro continuo.

Finalmente, es imprescindible realizar un seguimiento y ajuste de las acciones emprendidas. Este paso implica evaluar regularmente lo que ha funcionado y lo que no, para ajustar el plan según los resultados obtenidos. Preguntar «¿Qué ha funcionado bien esta semana? ¿Qué podríamos mejorar la próxima semana?» ayuda a mantener la conversación centrada en las soluciones y en el aprendizaje continuo.

A lo largo de todo el proceso, es fundamental reconocer los esfuerzos y los logros del equipo, así como utilizar la pregunta «¿Qué más?» de manera repetitiva para seguir explorando recursos y opciones. Este enfoque no solo refuerza la confianza del equipo en sus propias capacidades, sino que también fomenta una cultura de mejora continua y de colaboración.

Veamos un ejemplo de cómo aplicar paso a paso este enfoque: Un equipo de vendedores en una tienda de una conocida marca de moda está enfrentando un problema recurrente con la satisfacción del cliente, especialmente en el área de devoluciones y cambios. La dirección quiere mejorar la percepción de los clientes en esta área sin que el equipo sienta que se trata de un problema más, sino como una oportunidad de mejora.

Paso 1: Definir el objetivo en positivo

Nuestro objetivo es lograr que los clientes que realizan devoluciones se sientan bien atendidos y vuelvan a comprar en nuestra tienda. Queremos que cada interacción en el proceso de devolución sea una oportunidad para fidelizar al cliente.

Paso 2: Visualizar el futuro deseado

Store Manager: Imaginemos que logramos mejorar este proceso. ¿Qué dirían los clientes sobre nuestra tienda después de hacer una devolución?

Vendedor 1: Dirían que, aunque no les gustó el producto, el servicio fue excelente y que definitivamente volverán.

Paso 3: Identificar éxitos anteriores

SM: ¿Recordáis alguna ocasión en la que un cliente vino a hacer una devolución y terminó muy satisfecho con nuestro servicio? ¿Qué hicimos bien en ese momento?

V1: Sí, recuerdo a una clienta que venía molesta porque no le gustó la calidad de un vestido. Le expliqué las opciones de cambio, le mostré otros productos y finalmente se llevó otro vestido y un par de accesorios.

SM: ¡Perfecto! ¿Qué crees que fue clave para convertir esa experiencia negativa en positiva?

V1: Creo que fue escucharla con atención y luego ofrecerle alternativas sin presionarla.

Paso 4: Explorar recursos y fortalezas

SM: Parece que la escucha activa y la empatía son habilidades clave en nuestro equipo. ¿Qué otros recursos o habilidades tenemos que nos ayuden a mejorar estas situaciones?

V2: Creo que conocemos muy bien nuestros productos y eso nos ayuda a ofrecer alternativas que encajan mejor con lo que el cliente busca.

SM: Exacto. También podemos utilizar nuestras habilidades de comunicación para hacer que el cliente se sienta valorado.

Paso 5: Generar pequeñas acciones

SM: ¿Qué pequeña acción podemos empezar a hacer esta semana para empezar a mejorar la experiencia de devolución?

V3: Podríamos preguntar a cada cliente que viene con una devolución si hay algo específico que no le gustó del producto, para entender mejor sus necesidades.

V4: Y también podríamos ofrecer una alternativa antes de procesar la devolución, como ver si hay otro producto similar que le interese.

Paso 6: Seguimiento y ajuste

Una semana después, el SM reúne al equipo nuevamente.

SM: ¿Qué ha funcionado bien esta semana en cuanto a las devoluciones? ¿Habéis notado algún cambio en la reacción de los clientes?

V2: Sí, varios clientes agradecieron las sugerencias y terminamos vendiendo algunos productos adicionales.

SM: Genial. ¿Qué podríamos hacer diferente la próxima semana para seguir mejorando?

V3: Podríamos también hacer un seguimiento posterior por correo o mensaje, agradeciendo su visita y recordándoles que estamos aquí para ayudarles.

En esencia, este enfoque empodera a los vendedores, fomenta la responsabilidad compartida y transforma la manera en que enfrentan los desafíos. Aplicado correctamente, puede generar no solo mejores resultados en términos de ventas y satisfacción del cliente, sino también un entorno de trabajo más positivo y cohesionado, donde cada miembro se siente valorado y capaz de contribuir al éxito común.

LA DEFINICIÓN DEL OBJETIVO EN POSITIVO

Definir los objetivos centrándonos en lo que queremos lograr es un cambio de perspectiva que, aunque parece sutil, transforma por completo la manera en la que se perciben y abordan los desafíos, orientando la mente hacia posibilidades y oportunidades. Cuando se definen objetivos en términos positivos y específicos, se impulsa al equipo a imaginar y trabajar hacia un estado deseado, en lugar de simplemente intentar evitar un estado no deseado. Por ejemplo, en lugar de formular un objetivo como «queremos reducir las quejas de los clientes», que enfatiza lo que está mal, es más productivo decir «queremos mejorar la satisfacción del cliente». Este tipo de objetivos no solo cambian el lenguaje, sino también el enfoque de las acciones del equipo, orientándolas hacia la creación de experiencias positivas en lugar de la corrección de errores. Esto genera un entorno en el que el equipo se siente motivado a buscar y aplicar soluciones, lo que repercute directamente en su actitud y rendimiento.

Una vez que el objetivo está definido en términos positivos, es importante visualizar el futuro deseado. Un objetivo claro y positivo permite al equipo imaginar cómo sería la situación una vez se haya logrado. Esta visualización no es solo un ejercicio mental, sino un potente motivador que ayuda al equipo a conectar emocionalmente con el resultado que desean alcanzar. Por ejemplo, si el objetivo es «aumentar la tasa de fidelización de clientes», se puede invitar al equipo a imaginar un escenario donde los clientes habituales recomiendan la tienda a sus amigos y familiares, mencionando específicamente la excelente atención al cliente que han recibido. Esta imagen concreta y positiva actúa como una brújula que guía las acciones del equipo, dándoles un propósito claro y tangible.

Otro aspecto fundamental en la aplicación del ECS es definir indicadores de éxito que estén relacionados con la solución. Una vez establecido el objetivo positivo, es necesario identificar cómo se sabrá que se está alcanzando. Esto se logra mediante la identificación de indicadores específicos que midan la presencia de la solución, no la ausencia del problema. En el caso del objetivo «mejorar la experiencia de compra», los indicadores podrían ser un aumento en la cantidad de recomendaciones de clientes a través de encuestas post-compra, un incremento en la tasa de repetición de compra de clientes que han tenido una devolución o una reducción en la cantidad de quejas registradas porque los clientes encuentran lo que buscan en su primera visita. Estos indicadores permiten al equipo medir su progreso de manera objetiva y ajustar sus acciones según sea necesario.

Involucrar al equipo en la definición del objetivo es también un elemento clave en el ECS. Cuando los vendedores participan en la creación de lo que quieren lograr, es más probable que se sientan comprometidos y motivados para alcanzar la meta. Una forma de hacerlo es convocar una reunión para definir conjuntamente el objetivo y preguntar al equipo, por ejemplo, «¿Cómo podríamos tener una tienda donde los clientes se sientan felices de venir a comprar? ¿Qué necesitamos hacer para que esto suceda?». Al construir el objetivo a partir de las respuestas del equipo, se crea un sentido de pertenencia y responsabilidad compartida que impulsa el compromiso con los resultados.

Por último, el uso de un lenguaje positivo y enfocado en soluciones es crucial. El lenguaje no solo refleja la forma de pensar, sino que también la moldea. Utilizar expresiones como «mantener un stock que permita cubrir al menos el 95% de la demanda de nuestros clientes en productos clave» en lugar de «no queremos perder ventas por falta de stock» establece una expectativa clara y positiva que guía las acciones del equipo hacia la consecución del objetivo. Esto genera un ambiente constructivo que alienta a pensar de manera creativa y proactiva.

En definitiva, definir objetivos en el enfoque centrado en soluciones es mucho más que un simple ejercicio semántico. Es una manera de reconfigurar la mentalidad del equipo, de cambiar el foco de los problemas a las posibilidades y de crear un entorno donde la búsqueda de soluciones y la identificación de recursos positivos se conviertan en la norma. Aplicar este enfoque en el *retail* puede transformar no solo los resultados de la tienda, sino también la forma en que el equipo se relaciona con su trabajo y entre sí, generando un ambiente de trabajo más positivo, productivo y orientado al crecimiento.

EMPEZAR A CREAR EL FUTURO

En el enfoque centrado en soluciones uno de los elementos más importantes para guiar a las personas o equipos hacia sus metas es la definición clara del futuro deseado. Este concepto implica una visión concreta y detallada de cómo sería la situación ideal una vez que se haya alcanzado el objetivo. A diferencia de simplemente centrarse en la ausencia de problemas o en lo que no se desea, el futuro deseado se enfoca en lo que se quiere lograr y en los elementos positivos que estarían presentes tras el éxito.

No solo es una visión positiva, sino también específica. Cuanto más detallado sea, más fácil será para el equipo identificar los pasos necesarios para alcanzarlo. Esta visualización precisa del éxito ayuda a que cada acción que se tome esté alineada con esa visión clara, convirtiendo el objetivo en una guía tangible para el trabajo diario.

Otra característica crucial del futuro deseado es su enfoque en soluciones. El equipo deja de preocuparse por los problemas actuales y comienza a pensar en lo que puede hacer para llegar a la solución ideal. Esta mentalidad proactiva transforma el enfoque del equipo, llevándolos a buscar oportunidades en lugar de estancarse en las dificultades. En el contexto del *retail*, esto podría traducirse en encontrar formas de mejorar la experiencia del cliente, ya sea mejorando la atención, optimizando la presentación de los productos o creando interacciones más personalizadas. Este enfoque genera una motivación distinta, basada en el deseo de construir algo positivo y no en la corrección de errores.

El concepto de futuro deseado también tiene un efecto psicológico importante en la motivación y el compromiso de los equipos. Imaginar cómo será el éxito no solo genera emociones positivas, sino que también energiza a las personas a trabajar con más empeño para alcanzar ese escenario. Cuando un equipo de ventas se imagina un entorno donde los clientes están satisfechos y se incrementa la fidelización, esa visión no solo les impulsa a actuar, sino que también genera un sentido de propósito compartido. En el *retail*, la creación de esa imagen mental en la que los clientes sonríen al salir de la tienda, después de haber recibido una atención excepcional, convierte una meta abstracta en algo concreto y deseable.

Una herramienta esencial para definir este futuro deseado es preguntar qué sería diferente cuando se logre el objetivo. Esta cuestión invita a las personas a identificar los cambios específicos que notarían en su entorno, en sus comportamientos o en sus emociones una vez alcanzado el éxito. Esta pregunta fomenta la reflexión y la autoevaluación, pero lo hace desde una perspectiva positiva, invitando a los individuos o equipos a centrarse en lo que pueden hacer de manera diferente para avanzar hacia la meta deseada.

La utilidad de preguntar sobre lo que sería diferente radica en su capacidad para clarificar los resultados esperados. Por ejemplo, un vendedor que busca mejorar su tasa de conversión podría responder que, al lograr su objetivo, verá que más clientes aceptan productos adicionales que antes dudaban en comprar. También podría señalar que se sentiría más confiado al sugerir ventas complementarias, y que los clientes responderían con mayor receptividad a sus recomendaciones. Este tipo de respuesta no solo aclara qué es lo que se quiere lograr, sino que también proporciona indicadores tangibles que pueden ser utilizados para medir el progreso a lo largo del tiempo.

Además, facilita la evaluación continua del progreso. Cuando un vendedor visualiza que los clientes están volviendo a comprar a la tienda y que recibe más comentarios positivos sobre su atención, está identificando señales claras de que se está acercando a su futuro deseado. Este tipo de evaluación concreta permite hacer ajustes cuando sea necesario y refuerza la noción de que cada pequeña acción tiene un impacto en el camino hacia el objetivo.

Finalmente, preguntar por la diferencia promueve una autoevaluación reflexiva. Invita a las personas a pensar en cómo sus propias acciones y comportamientos influyen en su capacidad para alcanzar el éxito. En el *retail*, esto puede traducirse en una mayor

143

proactividad por parte del equipo de ventas, quienes pueden notar que acercarse y conectar de forma más abierta con los clientes aumenta la cantidad de interacciones productivas. Esta reflexión no solo mejora las habilidades individuales, sino que también fortalece el sentido de responsabilidad personal en el proceso de alcanzar los objetivos.

Una forma de preguntar por lo que sería diferente es utilizando la «pregunta milagro», una de las herramientas más potentes del enfoque centrado en soluciones, desarrollada por Steve de Shazer e Insoo Kim Berg, que se utiliza para ayudar a las personas a visualizar cómo sería su vida si su problema se resolviera milagrosamente de la noche a la mañana. La pregunta se formula así:

Supongamos que esta noche ocurre un milagro y todos tus problemas se resuelven mientras duermes. ¿Cómo te darías cuenta al despertar? ¿Qué sería diferente?

Esta pregunta invita a las personas a imaginar una realidad libre de problemas, lo que les ayuda a identificar de manera más clara lo que realmente desean lograr y las señales específicas de que están avanzando hacia ese objetivo. En el contexto del *retail*, esta herramienta puede ser extremadamente útil para ayudar a los vendedores a visualizar su éxito y a identificar cambios específicos que les permitirían acercarse a su objetivo.

Imagina un equipo de vendedores en una tienda de ropa que está enfrentando dificultades para alcanzar sus objetivos de ventas y de satisfacción del cliente. Se ha establecido el objetivo de mejorar la experiencia de compra de los clientes y aumentar la tasa de conversión en un 10% durante el próximo mes:

Responsable: *Quiero que cerréis los ojos un momento e imaginéis que esta noche ocurre un milagro. Mientras todos dormimos, todas las dificultades que estamos teniendo con las ventas y la satisfacción del cliente se solucionan. Cuando lleguéis mañana a la tienda, ¿qué sería diferente? ¿Cómo os daríais cuenta de que el milagro ocurrió?*

Vendedor: Creo que veríamos a más clientes sonriendo mientras recorren la tienda. Se sentirían más relajados y cómodos.

R: Muy bien, ¿qué más notaríais?

V: Notaría que los clientes me piden consejo sobre los productos sin que yo tenga que acercarme a ellos. Se sentirían más confiados y abiertos a hablar conmigo.

R: Eso suena genial. ¿Qué más notaríais que sería diferente?

V: Creo que tendríamos más clientes probándose la ropa y llevándose más productos de los que planeaban inicialmente.

La pregunta milagro permite a los vendedores identificar qué comportamientos de los clientes y del propio equipo indican que se ha alcanzado el objetivo. Esto les da un punto de referencia claro sobre cómo debe ser su día a día ideal. Los vendedores han mencionado sonrisas, interacciones más abiertas y mayor disposición a probarse productos. Estos son indicadores claros que se pueden controlar a diario. Se pueden establecer métricas, como el número de clientes que piden asesoría o el porcentaje de clientes que prueban los productos.

Además, a partir de la visualización, se puede trabajar en un plan de acción. Por ejemplo, si un vendedor visualizó que los clientes se sienten más cómodos, se puede trabajar en cómo crear un ambiente más acogedor: mejorar la disposición de la tienda, ofrecer un saludo más cálido o tener un enfoque más personalizado en el servicio.

Por último, la visualización del éxito genera un estado emocional positivo, lo cual es motivador. Los vendedores comienzan a ver que el éxito es posible y cómo se sentirían al alcanzarlo, lo que refuerza su compromiso con el plan de acción.

Las razones por las que es recomendable la utilización de la pregunta milagro u otras similares son:

- **Clarifica el objetivo final:** Al proyectarse hacia una situación ideal, los vendedores pueden identificar con precisión qué es

145

lo que realmente quieren lograr. Esto les ayuda a entender mejor el propósito detrás de sus acciones diarias.

- **Desbloquea la creatividad:** Imaginando una realidad sin limitaciones, se liberan de las barreras que perciben en su situación actual. Esto puede generar ideas y enfoques innovadores que no habrían surgido en un contexto más realista y limitado.

- **Genera un compromiso emocional:** Visualizar una realidad ideal crea un fuerte deseo de alcanzarla. Esto no solo motiva, sino que también hace que los vendedores se comprometan más con los pasos necesarios para llegar allí.

- **Facilita la identificación de pequeños pasos:** Una vez que se ha visualizado la situación ideal, se pueden identificar los pequeños cambios que podrían acercar al equipo a esa realidad. Por ejemplo, si el objetivo es que los clientes se sientan mejor acogidos en el establecimiento, se podría empezar con un pequeño cambio como saludar a cada cliente por su nombre.

EN BUSCA DE LAS EXCEPCIONES

El concepto de las excepciones juega un papel clave al abordar situaciones difíciles o problemas persistentes. Las excepciones se refieren a esos momentos en los que el problema que suele preocupar o limitar a una persona o a un equipo no está presente o se manifiesta con menor intensidad. Estos momentos son particularmente valiosos porque evidencian que, aunque el problema pueda parecer constante y abrumador, existen circunstancias en las que no tiene el mismo impacto o ha sido gestionado con éxito. Reconocer y analizar estas excepciones permite a las personas ver que ya poseen los recursos y las capacidades para enfrentar el problema, lo que proporciona una base sólida sobre la que se pueden construir soluciones efectivas.

Trabajar con las excepciones tiene múltiples beneficios. En primer lugar, refuerza la autoeficacia, ya que al recordar situaciones en las que el problema fue menor o no existía, las personas se dan cuenta de que ya tienen las herramientas necesarias para afrontarlo. Esto no solo incrementa la confianza en su capacidad de gestión, sino que también reduce la percepción de vulnerabilidad. Esta práctica es especialmente útil en un entorno de trabajo como el del *retail*, donde los equipos de ventas pueden sentirse abrumados por las metas y las dificultades diarias, pero al identificar excepciones, pueden ver que tienen la habilidad de gestionar esas situaciones con éxito.

Además, las excepciones ayudan a identificar estrategias efectivas que tal vez no hayan sido reconocidas de manera consciente. Analizar qué fue diferente en esas ocasiones permite a las personas descubrir comportamientos, condiciones o acciones que contribuyeron a manejar mejor la situación. En el contexto del *retail*, esto podría significar darse cuenta de que ciertas formas de interacción con los clientes, o momentos específicos del día en que las ventas fueron mayores, pueden ser replicadas en el futuro para mejorar los resultados.

Otro beneficio importante de trabajar con las excepciones es que cambia el enfoque hacia lo positivo. En lugar de centrarse en lo que no está funcionando o en lo que falta, se dirige la atención a lo que sí está funcionando, lo que genera una perspectiva más optimista y proactiva. Este cambio de mentalidad es esencial para crear un ambiente de trabajo más positivo y motivador, ya que los empleados se sienten más inclinados a actuar desde sus fortalezas y no desde sus debilidades. En el caso de un equipo de ventas, esta nueva mirada puede transformar la dinámica, alentando a los miembros a aprovechar sus éxitos en lugar de centrarse únicamente en corregir errores.

Además, explorar las excepciones fomenta la creatividad, ya que invita a las personas a pensar de manera diferente sobre sus problemas y las posibles soluciones. Al observar momentos en los que el problema se manejó mejor, se abre la puerta a nuevas ideas y enfoques que pueden no haber sido considerados antes. Este tipo de reflexión puede llevar a la adopción de métodos innovadores para superar los desafíos, algo que es de particular valor en un entorno competitivo como el del *retail*, donde la creatividad en las estrategias de venta puede marcar la diferencia entre el éxito y el fracaso.

Finalmente, las excepciones proporcionan evidencia tangible de que el cambio es posible. Estas situaciones actúan como pruebas de que, aunque el problema pueda parecer omnipresente, hay momentos en los que puede ser mitigado o incluso eliminado. Esto refuerza la creencia de que el cambio es alcanzable y sostenible, lo que es crucial para mantener la motivación y el impulso hacia las soluciones. En un equipo de vendedores, esto puede traducirse en una mayor confianza en la capacidad del equipo para superar obstáculos, incrementar las ventas o mejorar la experiencia del cliente.

Veamos cómo podría utilizar está búsqueda de excepciones un equipo de vendedores en una tienda de electrónica que está experimentando dificultades para alcanzar sus objetivos de ventas mensuales. El problema más común es que no logran convencer a los clientes de comprar productos adicionales o complementarios. La directora de tienda decide utilizar el concepto de excepciones para explorar momentos en los que este problema no existía o era menos pronunciado.

Directora: *Quiero que pensemos en momentos específicos en los que logramos vender productos complementarios. ¿Recordáis alguna ocasión en la que un cliente se llevó algo más de lo que inicialmente planeaba comprar? ¿Qué hicisteis diferente en ese momento?*

Vendedor: *Sí, recuerdo un día en el que un cliente vino por un ordenador portátil y se terminó llevando también una impresora.*

Le dije que teníamos una oferta especial para la impresora si se compraba junto con el portátil.

D: Perfecto, ¿qué crees que hiciste diferente ese día en comparación con otros días en los que no lograste vender productos adicionales?

V: Creo que ese día escuché atentamente lo que el cliente necesitaba. Me mencionó que también imprimía muchos documentos para su trabajo, así que pensé que una impresora le sería útil y se lo propuse.

D: Me parece excelente. Entonces, fue importante escuchar con atención y entender sus necesidades antes de hacer la recomendación. ¿Algo más que recuerdes de algún momento en el que lograste vender un producto complementario?

A partir de esta conversación, el equipo decide implementar las siguientes estrategias basadas en las excepciones identificadas:

1. **Escuchar activamente:** Dedicar tiempo a escuchar lo que los clientes realmente necesitan antes de hacer cualquier recomendación. Esto ayudará a identificar productos adicionales que sean relevantes y útiles para ellos.

2. **Hacer preguntas relevantes:** Formular preguntas que permitan explorar las necesidades y preferencias del cliente.

3. **Demostrar el valor añadido:** Mostrar cómo los productos complementarios pueden mejorar la experiencia del cliente.

4. **Compartir casos de éxito:** Durante las reuniones de equipo, compartir regularmente ejemplos de ventas exitosas de productos complementarios. Esto mantendrá al equipo enfocado en lo que funciona y generará un ambiente de aprendizaje continuo.

En un contexto donde la presión por alcanzar objetivos es constante, recordar y aprender de situaciones en las que se lograron superar los desafíos fortalece la confianza del equipo y proporcio-

149

na estrategias concretas para aplicar en el día a día. Las excepciones no solo muestran que el cambio es posible, sino que también proporcionan un camino claro hacia la mejora continua, basado en lo que ya ha funcionado en el pasado.

ESCALANDO HACIA LA SOLUCIÓN

La pregunta de escala es una herramienta utilizada para evaluar la situación actual, medir el progreso y definir pasos concretos hacia el objetivo deseado. La pregunta de escala consiste en pedir a la persona que califique su situación en una escala numérica, comúnmente del 1 al 10, donde el 1 representa el punto más bajo o el peor escenario posible, y el 10 refleja la situación ideal o el éxito total. Este enfoque numérico permite un análisis claro del estado actual y abre una vía para que la persona explore los recursos y acciones que le pueden llevar más cerca de su objetivo.

150

Al pedir a una persona que se sitúe en un número de la escala, se facilita la identificación de su percepción sobre la situación actual. Esto proporciona un punto de partida que es esencial tanto para evaluar el progreso como para definir los próximos pasos. Por ejemplo, un mánager podría preguntar a un vendedor: «En una escala del 1 al 10, donde 1 es no tener ninguna confianza en tus habilidades de venta y 10 es tener toda la confianza para cerrar cualquier venta, ¿dónde te ubicarías hoy?». Si el vendedor responde que se siente en un 5, el mánager ya tiene una idea clara del nivel de confianza percibido y puede usar esta información para profundizar en las fortalezas que ya están presentes y en las oportunidades de mejora.

Una de las preguntas clave que sigue a la identificación del número en la escala es «¿Qué te dice que estás en un 5 y no en un número más bajo?». Esta pregunta invita a la persona a reflexionar sobre los recursos y habilidades que ya tiene, fomentando la autoconciencia sobre lo que ya está funcionando. En el caso de un vendedor, podría responder que su conocimiento del producto le permite sentirse más seguro a la hora de responder a las preguntas técnicas de los clientes, lo cual es una fortaleza clave que puede utilizar para mejorar la forma de interactuar con los clientes.

La visualización del próximo paso es otro componente esencial de la pregunta de escala. Cuando se pregunta «¿Qué estarías haciendo si subieras un punto más?», se invita a la persona a imaginar qué cambios o acciones serían necesarios para avanzar en la escala. Un vendedor podría responder que, si estuviera un punto más arriba en la escala en términos de confianza, se sentiría más cómodo ofreciendo productos adicionales a los clientes sin temor a que rechacen la oferta. Este ejercicio de visualización transforma una meta abstracta en pasos concretos que el vendedor puede empezar a practicar de inmediato.

Otro aspecto clave de la pregunta de escala es generar esperanza y resiliencia. Preguntar «¿Qué esperanza tienes de poder completar tu tarea?» ayuda a la persona a centrarse en las razones por las cuales cree que puede lograr su objetivo. Si la persona se sitúa en un 4, el mánager puede explorar más preguntando: «¿Qué te dice que es un 4 y no un 2?», lo que permite a la persona reconocer las acciones que ya está tomando y que la mantienen en la dirección correcta, a pesar de las dificultades.

La importancia de la pregunta de escala radica en su capacidad para facilitar la autorreflexión. Las personas no solo evalúan su situación actual, sino que también reflexionan sobre sus propios recursos y progreso, lo que incrementa su autoconocimiento y les permite identificar qué factores pueden cambiar para mejorar. Un vendedor que se califica con un 5 puede enfocarse en pasar al siguiente nivel en lugar de sentirse abrumado por la distancia entre su situación actual y el 10, lo que hace que el progreso sea más manejable y menos intimidante.

Finalmente, la pregunta de escala promueve la autoevaluación y la autonomía. Al ser la persona quien decide en qué número se sitúa y qué acciones tomar para mejorar, se fomenta un sentido de empoderamiento que la impulsa a gestionar su propio progreso. Este tipo de herramienta también permite un seguimiento continuo, ya que la escala ofrece un método tangible para monitorizar el avance a lo largo del tiempo y ajustar las estrategias según sea necesario.

Imagina que un responsable de tienda nota que uno de sus vendedores está teniendo dificultades para realizar ventas cruzadas, es decir, sugerir productos adicionales al cliente que ya está comprando algo. En lugar de centrarse en los errores del vendedor, el responsable utiliza la pregunta de escala para ayudar al vendedor a reflexionar sobre su situación actual y qué podría hacer para mejorar.

Responsable: En una escala del 1 al 10, donde 1 significa que no tienes ninguna confianza en tu habilidad para hacer ventas cruzadas y 10 significa que puedes hacerlas con total confianza, ¿en qué número te sitúas ahora mismo?

Vendedor: Creo que estoy en un 4.

R: ¿Qué te dice que estás en un 4 y no en un 2 o un 3?

V: Bueno, sé que conozco bien los productos y puedo responder las preguntas de los clientes sobre ellos. Algunas veces consigo que compren un producto adicional si lo piden, pero no lo ofrezco de manera proactiva.

R: Eso suena a una gran fortaleza: tu conocimiento del producto. Si subieras a un 6, ¿qué crees que estarías haciendo de manera diferente?

V: Creo que sería más proactivo al ofrecer productos adicionales, sin esperar a que el cliente lo pida. Me sentiría más cómodo recomendando algo que complementara lo que ya están comprando.

R: Muy bien, ese es un paso concreto que puedes empezar a practicar. ¿Te parece que esta semana ofrezcas al menos un producto complementario por cada cliente que compre algo? Así podrías trabajar para llegar a ese nivel 6.

El uso de la escala permite al vendedor reflexionar sobre sus fortalezas, identificar su progreso y visualizar un próximo paso alcanzable. En lugar de enfocarse en lo que no está haciendo, el vendedor se centra en lo que puede hacer para mejorar, generando un plan de acción práctico y basado en sus propias capacidades.

¿QUÉ MÁS?

La pregunta «¿Qué más?» es una de las herramientas más simples pero poderosas del enfoque centrado en soluciones. A primera vista, parece una pregunta sin complicaciones, pero su repetición y uso estratégico fomentan una exploración profunda de los recursos, excepciones, objetivos y soluciones disponibles para una persona o un equipo. Al hacer esta pregunta de manera reiterada, se empuja a la persona a ir más allá de sus respuestas iniciales, lo que le permite acceder a ideas, perspectivas y recursos que podrían no haber surgido de otro modo. Esto abre una gama de posibilidades y promueve un pensamiento más amplio y creativo.

Uno de los aspectos más valiosos de esta pregunta es que ayuda a descubrir recursos ocultos. Las primeras respuestas que ofrece una persona tienden a ser superficiales o limitadas, y es solo con la insistencia de preguntar «¿Qué más?» cuando se comienzan a destapar otras capacidades y herramientas internas que no se habían considerado antes. En un contexto de ventas, por ejemplo, un vendedor podría inicialmente mencionar las técnicas básicas de atención al cliente que ya está aplicando, pero a medida que se repite la pregunta, es posible que empiece a identificar estrategias más detalladas o específicas que ha utilizado con éxito en el pasado.

Otro uso relevante de esta pregunta es en la identificación de excepciones, es decir, aquellos momentos en los que el problema no era tan grave o se gestionó con éxito. En lugar de detenerse en la primera excepción que se menciona, el mánager puede seguir

153

explorando otras situaciones exitosas y las razones detrás de esos resultados. Esto permite descubrir estrategias eficaces que ya están presentes, pero que quizás no se estaban utilizando de manera consciente. La repetición de la pregunta «¿Qué más?» ayuda a detallar con mayor precisión las condiciones que favorecieron esos momentos de éxito, ofreciendo un mapa de acciones a replicar.

Además, esta pregunta resulta muy útil cuando se trata de definir un objetivo de manera más clara. Las primeras respuestas que las personas ofrecen sobre sus metas suelen ser vagas o generales. Al preguntar «¿Qué más?» repetidamente, se fuerza a la persona a pensar con mayor precisión sobre lo que realmente quiere lograr, descomponiendo el objetivo en componentes más específicos y en pasos concretos. Por ejemplo, un equipo de ventas podría empezar diciendo que su objetivo es «mejorar la experiencia del cliente». Pero al seguir indagando, podrían surgir detalles como ofrecer recomendaciones personalizadas, recordar las preferencias de los clientes habituales o crear un ambiente de compra más acogedor.

154

Otro beneficio clave de esta pregunta es que fomenta la creatividad. Muchas veces, las personas se quedan atrapadas en un pensamiento lineal o repetitivo. Sin embargo, al ser desafiadas a seguir buscando respuestas, se ven obligadas a explorar opciones y enfoques que no habrían considerado inicialmente. Esto lleva a nuevas perspectivas y abre la puerta a soluciones que, de otro modo, habrían permanecido ocultas. Esto podría traducirse en encontrar nuevas maneras de atraer a los clientes o de mejorar la presentación de los productos en la tienda.

Finalmente, preguntar «¿Qué más?» es una herramienta que mantiene el foco en las soluciones, evitando que la conversación se estanque en la identificación de problemas. En lugar de centrarse en lo que no está funcionando, esta pregunta empuja a la persona a seguir explorando múltiples opciones y caminos hacia el éxito. En una reunión de equipo, un responsable podría usar esta pregunta para generar una lluvia de ideas sobre cómo mejorar el servicio al cliente. Cada respuesta podría llevar a una nueva sugerencia, y, antes de que se den cuenta, el equipo habrá generado un conjunto de estrategias a implementar.

SEGUIMIENTO Y AVANCES

El seguimiento de las conversaciones iniciales es un paso esencial para asegurar el progreso y mantener a las personas enfocadas en los avances. Una de las herramientas más eficaces en este proceso es la pregunta «¿Qué ha sido mejor desde la última vez que hablamos?». A diferencia de otras preguntas más genéricas, como «¿Ha habido algún cambio?», que pueden generar respuestas ambiguas o incluso negativas, esta pregunta dirige la atención de manera específica hacia los logros, reconociendo cualquier tipo de mejora, por pequeña que sea. En el contexto del ECS, esto no solo facilita la evaluación del progreso, sino que también mantiene un ambiente positivo y orientado hacia las soluciones, ayudando a las personas a enfocarse en lo que ya están haciendo bien.

La pregunta «¿Qué ha sido mejor desde la última vez que hablamos?» es especialmente eficaz porque obliga a centrar la atención en lo positivo. En lugar de permitir que la conversación derive hacia problemas o desafíos que aún persisten, esta pregunta dirige a la persona a identificar cualquier mejora que haya experimentado. Al hacerlo, se establece una base sólida sobre la cual construir futuros avances. Al cambiar el foco hacia lo que ha mejorado, por mínimo que sea, se genera una sensación de avance que alimenta la motivación del equipo.

Un aspecto clave de esta pregunta es que refuerza los comportamientos que han generado mejoras. Al reconocer los logros, incluso si son pequeños, se refuerza la importancia de las acciones que condujeron a esos resultados positivos. Esto motiva a las personas a seguir aplicando las estrategias que han funcionado, lo que crea un ciclo positivo de mejora continua. Por ejemplo, en una tienda de moda, la responsable podría preguntar a un vendedor: «¿Qué ha sido mejor desde nuestra última reunión?». El vendedor, tras reflexionar, podría identificar que ha logrado conectar mejor con los clientes ofreciendo recomendaciones más personalizadas. Este pequeño logro se convierte en un refuerzo para seguir utilizando ese enfoque en futuras interacciones con los clientes.

Además de reforzar comportamientos positivos, esta pregunta genera una sensación de progreso constante. Al centrarse en lo que ha mejorado, se evita la trampa de sentirse estancado, lo que puede ser desmotivador. Incluso los pequeños pasos hacia adelante son importantes, y reconocerlos fomenta una sensación de avance que es crucial para mantener el compromiso con el proceso de cambio. En el *retail*, donde los resultados a veces tardan en verse reflejados en cifras de ventas, esta sensación de progreso, por pequeña que sea, es vital para que el equipo siga enfocado en sus objetivos.

La pregunta también facilita la identificación de recursos y habilidades que han contribuido a esos avances. Al explorar qué ha sido mejor, pueden identificar qué estrategias o habilidades han sido útiles y cómo pueden replicarlas o incluso expandirlas en el futuro. Esto permite no solo celebrar lo que ya ha funcionado, sino también establecer una base para seguir construyendo sobre esos recursos. Por ejemplo, si un vendedor ha mejorado en la venta de productos complementarios, el seguimiento puede centrarse en cómo ese enfoque puede ampliarse para incluir otros aspectos de la interacción con los clientes.

Otra ventaja de esta pregunta es que evita adoptar una posición a la defensiva, que a menudo puede surgir con preguntas como «¿Ha habido algún cambio?». Esta última formulación puede implicar que se esperaba un cambio específico o que el progreso no ha sido suficiente, lo que puede hacer que la persona se sienta bajo presión. En cambio, preguntar directamente por lo que ha sido mejor crea un ambiente más colaborativo y abierto, donde se fomenta el diálogo y la persona se siente apoyada en lugar de juzgada.

EL *FEEDBACK* COMO HERRAMIENTA DE MEJORA

El feedback juega un papel fundamental en las conversaciones orientadas al cambio. En el ECS, este *feedback* se estructura en tres partes: elogios, puente a la solución y sugerencias. Este proceso está diseñado para reforzar lo que ya está funcionando, conectar las fortalezas con acciones futuras y proponer estrategias prácticas para seguir mejorando:

1. **Elogios:** Esta fase se centra en reconocer los logros, habilidades y esfuerzos que la persona ya está realizando. El objetivo no es simplemente halagar, sino resaltar lo que la persona está haciendo bien, basándose en los recursos y estrategias que ya han sido efectivos. Esto genera una sensación de seguridad y confianza en la persona, reforzando la idea de que tiene las capacidades necesarias para avanzar. Por ejemplo, podrías decirle a un vendedor: «He notado cómo siempre saludas a los clientes con una sonrisa y haces preguntas que muestran tu interés genuino en ayudarlos».

2. **Puente a la solución:** Aquí, se hace una transición que conecta los elogios con las acciones futuras, identificando las estrategias efectivas que la persona ya está aplicando y relacionarlo con lo que puede seguir construyendo sobre esas mismas acciones. En lugar de proponer cambios radicales, este enfoque sugiere hacer más de lo que ya está funcionando. Por ejemplo, podrías decir: «Dado que ya estás creando una buena conexión con los clientes a través de tus preguntas, podrías llevar esto un paso más allá ofreciendo recomendaciones personalizadas basadas en lo que te di-

cen que están buscando». Este puente ayuda a la persona a ver la continuidad entre sus esfuerzos actuales y las futuras mejoras, destacando que ya tiene las capacidades necesarias para seguir avanzando.

3. **Sugerencias:** Recomendaciones específicas que guían a la persona sobre qué hacer a continuación. Estas sugerencias deben estar alineadas con las habilidades y recursos que la persona ya posee, de modo que se sienta capacitada para implementar las acciones sugeridas. Si bien pueden incluir nuevas estrategias, estas sugerencias se basan principalmente en potenciar lo que ya está funcionando. Por ejemplo, podrías sugerir al vendedor: «Mi sugerencia sería que la próxima semana te enfoques en ofrecer un producto adicional en cada interacción con los clientes, basándote en lo que te han comentado sobre sus necesidades». Este tipo de recomendación ofrece una dirección clara y accionable, lo que ayuda al vendedor a saber exactamente qué hacer para mejorar su rendimiento.

Esta estructura del *feedback* es especialmente efectiva porque no se centra en lo que la persona está haciendo mal o en los errores, sino en lo que ya está funcionando y en cómo puede seguir mejorando a partir de esas fortalezas. Esto resulta especialmente valioso porque crea un ambiente de crecimiento y apoyo, donde cada vendedor se siente valorado y motivado para continuar su desarrollo.

KIT DE SUPERVIVENCIA PARA ENCONTRAR SOLUCIONES

Cuando te enfrentes a una situación en la que necesites orientar una conversación hacia la búsqueda de soluciones y el reconocimiento de recursos, sigue estos pasos sencillos. Este kit está diseñado para ayudarte a estructurar la conversación de manera efectiva y positiva, manteniendo el enfoque en los objetivos, recursos y acciones concretas.

Paso 1: Definición del objetivo

Pregunta clave: «¿Cuál es tu mejor expectativa para esta conversación?».

Instrucciones:

1. Comienza la conversación preguntando a la persona cuál es su mejor expectativa para esa reunión.
2. Invita a que se enfoque en lo que le gustaría lograr o solucionar. Esto ayuda a clarificar el propósito y a establecer una meta clara para la sesión.

Ejemplo: «¿Qué te gustaría que cambiara o mejorara después de nuestra conversación de hoy?».

Paso 2: Futuro deseado

Pregunta clave: «¿Qué será diferente si se cumple esa expectativa?».

Instrucciones:

1. Pide a la persona que imagine cómo sería la situación ideal si lograra cumplir con su expectativa.
2. Explora los detalles de ese futuro deseado. ¿Qué estaría haciendo diferente? ¿Cómo se sentiría? ¿Cómo reaccionarían los demás?

Ejemplo: «Si logras cumplir con esta expectativa, ¿qué notarías que es diferente en tu día a día? ¿Cómo sabrás que lo has conseguido?».

Paso 3: Escala 1 (Situación actual y recursos disponibles)

Pregunta clave: «En una escala del 1 al 10, donde 1 significa que la situación está en su peor momento y 10 que está completamente solucionada, ¿en qué punto te encuentras ahora mismo?».

Instrucciones:

1. Pregunta a la persona en qué punto de la escala se encuentra actualmente.

159

2. Luego, explora qué le dice que está en ese número y no en uno más bajo. Esto ayuda a identificar recursos y estrategias que ya están funcionando.

Ejemplo: «¿Qué te dice que estás en un 4 y no en un 2? ¿Qué has hecho hasta ahora que te ha ayudado a estar en ese punto?».

Paso 4: Escala 2 (Siguiente paso y recursos necesarios)

Pregunta clave: «¿Qué tendría que suceder para que subas un punto más en la escala?».

Instrucciones:

1. Invita a la persona a imaginar qué tendría que ser diferente para moverse un paso más arriba en la escala.
2. Pregunta qué recursos necesitaría y qué acciones podría tomar para lograr ese pequeño avance.

Ejemplo: «¿Qué podrías hacer esta semana para pasar de un 4 a un 5? ¿Qué recursos crees que te ayudarían a lograrlo?».

Paso 5: La pregunta de seguimiento

Pregunta clave: «¿Qué ha sido mejor desde la última vez que hablamos?».

Instrucciones:

En el seguimiento, utiliza esta pregunta para mantener el enfoque en las mejoras y avances. Esto ayuda a la persona a identificar cualquier cambio positivo, lo que genera motivación y una sensación de progreso continuo.

Ejemplo: «¿Qué ha sido mejor desde la última vez que hablamos sobre cómo ofrecer productos adicionales a los clientes?».

Reconocimiento: Valora el esfuerzo

Instrucciones:

- Reconocer los esfuerzos y los recursos que la persona ya ha identificado y utilizado.
- Valorar cualquier pequeño paso o progreso, por mínimo que parezca.

Ejemplo: «Es increíble cómo has logrado mantenerte en un 4 a pesar de los desafíos. Tu habilidad para escuchar a los clientes y

160

adaptarte a sus necesidades realmente ha marcado una diferencia».

La pregunta mágica

Instrucciones:

- Utiliza la pregunta «¿Qué más?» tantas veces como sea necesario para seguir explorando recursos, ideas y alternativas.
- Cada vez que la persona se quede sin respuestas, haz una pausa y vuelve a preguntar: «¿Qué más?».

Ejemplo: «¿Qué más has hecho que haya contribuido a este cambio? ¿Qué más podrías probar la próxima semana?».

Recomendaciones adicionales

1. Mantén siempre una actitud colaborativa: Recuerda que el objetivo del ECS no es imponer soluciones, sino ayudar a la persona a descubrir las suyas propias. Tu papel es facilitar la conversación y guiarla hacia las respuestas que ya están dentro de la persona o el equipo.

2. Sé paciente y persistente: Algunas veces, las respuestas no surgirán de inmediato. La repetición de preguntas como «¿Qué más?» o la pregunta de seguimiento «¿Qué ha sido mejor?» pueden requerir varios intentos antes de que la persona profundice lo suficiente para identificar recursos valiosos.

3. Usa el lenguaje positivo: El lenguaje tiene un impacto profundo en la actitud. Enfócate siempre en lo que la persona o el equipo puede lograr, en lugar de lo que no ha conseguido. Evita preguntas que puedan hacer sentir a la persona que está fallando.

4. Realiza seguimientos regulares: No dejes que el proceso se detenga en una sola conversación. El verdadero cambio y crecimiento se logran con la repetición y el seguimiento continuo. Preguntar «¿Qué ha sido mejor?» en cada reunión refuerza la importancia de los avances y fomenta la consistencia en la búsqueda de soluciones.

+ Tool 13: Pregunta de escala

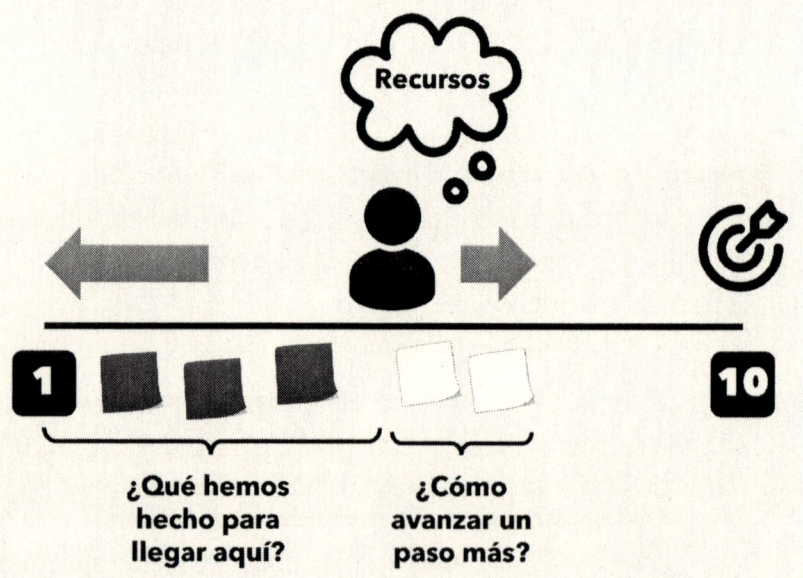

La pregunta de escala es una técnica clave del enfoque centrado en soluciones que permite a las personas evaluar su situación en relación con un objetivo, en una escala del 1 al 10. Esta herramienta ayuda a identificar dónde están actualmente y qué pequeños pasos podrían dar para mejorar su situación. La magia de la escala radica en que pone énfasis en lo positivo, preguntando qué recursos y acciones han permitido alcanzar su posición actual y qué sería necesario para avanzar un paso más.

Este ejercicio físico y dinámico ayuda a que los vendedores no solo piensen en términos abstractos, sino que visualicen y sientan su progreso, dándose cuenta de los recursos que ya tienen y los pequeños pasos que pueden tomar para mejorar su situación.

Objetivo

Facilitar a los vendedores la tarea de evaluar su situación actual, identificar recursos y explorar avances para mejorar su rendimiento utilizando la representación física de una escala.

DESARROLLO DE LA DINÁMICA

1. **Preparación del espacio:** Marca una línea en el suelo con cinta o cuerda que represente la escala del 1 al 10. El número 1 representa el punto más bajo (donde sienten que apenas han avanzado), y el número 10 es el estado ideal (cuando se ha alcanzado el éxito total en ese aspecto).

2. **Posicionamiento en la escala:** Pide a cada participante que piense en un objetivo concreto relacionado con su trabajo (por ejemplo, mejorar las ventas o manejar mejor las objeciones de los clientes). Luego, invítalos a posicionarse físicamente en el lugar de la escala donde consideran que están hoy en día con respecto a ese objetivo, desde el 1 hasta el 10. Pueden moverse y cambiar de lugar si lo desean.

3. **Exploración del lugar actual:** Una vez que todos estén posicionados, pregunta a cada uno: «¿Qué has hecho hasta ahora que te ha llevado a estar aquí?». La idea es que los participantes exploren y verbalicen las acciones, habilidades o circunstancias que ya les han permitido avanzar.

4. **Identificación de recursos:** Pregunta a cada participante sobre los recursos que tienen ahora que les han permitido llegar a este punto y qué es lo que ya saben hacer bien. Esto puede ayudarles a reconocer habilidades que quizás no habían identificado antes.

5. **Avance hacia un paso más:** Ahora invítalos a imaginar cómo sería avanzar un paso más en la escala. Pide a cada participante que se posicione físicamente y pregunta: «¿Cómo te sentirías si estuvieras en esta posición?», «¿Qué es lo que harías diferente para llegar aquí?».

6. **Reflexión grupal:** Una vez que todos hayan avanzado un paso, abre una ronda de comentarios donde los participantes puedan compartir lo que han descubierto o sentido al avanzar un paso.

 **+ Tool 14: Creación de competencias**

En lugar de enfocarse en las habilidades que faltan o en las deficiencias, el ECS pone el énfasis en los recursos ya presentes en la persona o el equipo, incluso si no son conscientes de ellos al principio. Los recursos abarcan una combinación de habilidades, fortalezas, conocimientos y capacidades que las personas ya tienen y que les han ayudado en el pasado a superar dificultades o alcanzar éxitos.

Los recursos, vistos desde esta perspectiva, son aquellas herramientas internas que las personas ya poseen y que se activan en momentos específicos.

Este enfoque genera confianza en las propias capacidades y ayuda a los equipos a aprovechar sus fortalezas en lugar de centrarse en lo que creen que necesitan mejorar.

Objetivo

Acompañar a los vendedores en la identificación de competencias clave para alcanzar sus objetivos, combinarlas creativamente y generar nuevas competencias que fortalezcan al equipo.

DESARROLLO DE LA DINÁMICA

1. **Elección de la imagen:** Coloca una selección de cartas de Dixit (u otro set similar de cartas con imágenes) en una mesa o en el suelo, de manera que todos los participantes puedan verlas. Pide a cada participante que elija una carta cuya imagen represente una competencia o habilidad que consideran importante para alcanzar sus objetivos. Deben reflexionar brevemente sobre por qué eligieron esa carta.

2. **Compartir en parejas:** Forma parejas entre los participantes y pide a cada miembro de la pareja que comparta con su compañero la competencia o habilidad que representa su carta, explicando el motivo de su elección y cómo esa competencia les ayudará en su trabajo diario.

3. **Fusionar competencias:** El desafío es que cada pareja cree una nueva competencia, fusionando las dos que cada uno eligió. Esta nueva competencia debe reflejar lo mejor de ambas habilidades o características representadas en sus cartas. Pide a las parejas que creen una nueva palabra para describir esta competencia fusionada. La palabra debe ser inventada y no debe existir en el diccionario.

165

4. **Definición de competencias:** Una vez que tengan la nueva palabra, deben escribir una breve definición que explique lo que significa y cómo podría aplicarse en el trabajo para mejorar los resultados.

5. **Presentación de las competencias:** Cada pareja presentará su nueva competencia al grupo. Durante la presentación, deben explicar las dos competencias originales que fusionaron, la nueva palabra que crearon y su definición y cómo esta nueva competencia podría ser útil para su equipo o en su trabajo.

6. **Reflexión grupal:** Después de que todas las parejas hayan presentado, abre un espacio reflexionar sobre cómo estas nuevas competencias podrían influir en el trabajo en equipo o qué han descubierto sobre las competencias que necesitan desarrollar o mejorar.

 + Tool 15: El milagro hecho realidad

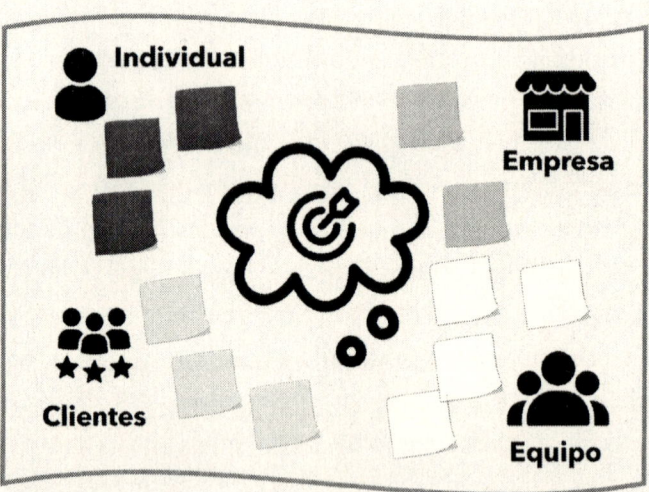

La pregunta milagro invita a los participantes a imaginar que, de la noche a la mañana, todos sus problemas desaparecen y todo funciona de forma ideal. Esta visualización del futuro deseado les permite explorar cómo sería la vida en esa situación, generando esperanza y claridad sobre los cambios que realmente desean. Esta pregunta puede ayudar a los equipos a identificar cómo se vería un día perfecto de ventas o atención al cliente, proporcionando una visión motivadora de sus objetivos.

OBJETIVO

Guiar a los equipos a imaginar su futuro deseado mediante la pregunta milagro y representar visualmente cómo ese futuro impacta a los individuos del equipo, al equipo como conjunto, a la empresa y a los clientes. Esta dinámica fomenta la colaboración, la creatividad y el pensamiento positivo, mientras guía a los equipos a visualizar un futuro ideal.

DESARROLLO DE LA DINÁMICA

1. **Explicación inicial:** La idea es que imaginen cómo sería la situación ideal si un milagro ocurriera de la noche a la mañana y todos los problemas del equipo desaparecieran. Introduce la pregunta: «Imagina que esta noche ocurre un milagro mientras duermes y, al despertar, todo funciona perfectamente en tu equipo. ¿Cómo sería ese futuro milagroso? ¿Qué notarías diferente?».

2. **Trabajo en grupos:** Divide a los participantes en grupos de 4-5 personas y pide a cada grupo que reflexione sobre la pregunta milagro, pensando específicamente en cómo ese futuro deseado impactaría: a los individuos del equipo, al equipo como conjunto, a la empresa y a los clientes.

3. **Creación del diseño visual:** Una vez que los grupos han discutido y tienen una visión clara, proporciónales materiales (cartulinas, marcadores, revistas, etc.) para que diseñen su representación visual. Pueden usar dibujos, *collages* o una combinación de ambos para plasmar cómo sería ese futuro deseado. Anímalos a ser creativos y a representar el impacto del milagro en los cuatro niveles mencionados (individual, equipo, empresa, clientes).

4. **Presentación de los diseños:** Cuando todos los grupos hayan terminado, pide que presenten sus diseños al resto del equipo. Cada grupo debe explicar su diseño, señalando cómo visualizan el impacto del milagro en los individuos, el equipo, la empresa y los clientes y qué aspectos específicos cambiarían y cómo esos cambios beneficiarían a cada área.

5. **Reflexión grupal:** Después de que todos los grupos hayan presentado sus diseños, abre una discusión grupal sobre los patrones que han notado entre los diferentes futuros deseados y que piensen en qué pasos pequeños podrían dar hoy para acercarse a ese futuro.

167

+ Tool 16: La técnica EARS

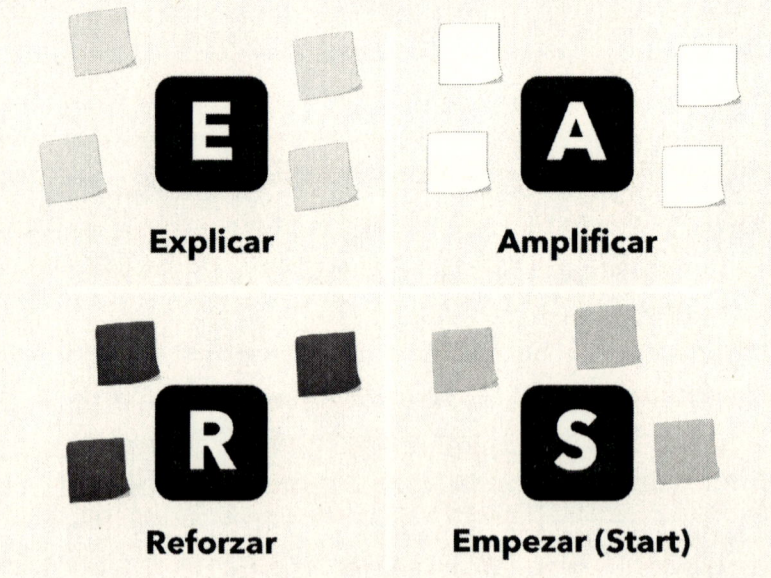

E Explicar

A Amplificar

R Reforzar

S Empezar (Start)

Esta técnica, desarrollada por Insoo Kim Berg, se centra en descubrir soluciones basadas en lo que ya funciona. EARS significa Explicar (identificar excepciones), Amplificar (detallar lo que ha funcionado), Reforzar (reforzar esas acciones positivas) y Volver a empezar (seguir buscando nuevas excepciones). En un equipo de ventas, esta técnica ayuda a los vendedores a identificar momentos en los que han superado obstáculos, comprender cómo lo lograron y reforzar esos comportamientos para alcanzar más éxitos.

En un equipo de ventas, el análisis EARS fomenta la autorreflexión y el aprendizaje colectivo, promoviendo una cultura de soluciones donde se valora lo que ya funciona en lugar de centrarse en los problemas.

OBJETIVO

Ayudar a los vendedores a identificar soluciones efectivas que ya están usando en su trabajo y amplificar esas estrategias para mejorar el rendimiento general del equipo. Al aplicar la técnica EARS, los vendedores no solo aprenden de sus propias experiencias, sino que también amplifican los recursos internos del equipo, promoviendo un entorno de mejora continua y colaboración.

Desarrollo de la dinámica

1. **Trabajo en grupo:** Divide a los participantes en grupos de 4-5 personas. Cada grupo deberá reflexionar sobre un reto común que enfrentan en su día a día como vendedores (por ejemplo, manejar objeciones de clientes o mejorar la tasa de conversión). A continuación, guía a los equipos a través de los cuatro pasos de la técnica EARS:

2. **Explicar:** Pide a cada grupo que piense en un momento reciente en el que consiguieron superar el reto mencionado (por ejemplo, un cliente difícil terminó comprando). Cada miembro debe compartir un ejemplo concreto. Pregunta: «¿Qué fue diferente en ese momento?» «¿Qué hiciste de manera distinta para que la situación mejorara?»

3. **Amplificar:** Una vez que cada miembro del grupo haya identificado un ejemplo, pide que exploren más a fondo cómo lo lograron. Pregunta: «¿Qué habilidades o recursos usaste para manejar esa situación?». El objetivo es detallar y amplificar lo que ya funciona, reconociendo los recursos internos y las habilidades utilizadas.

4. **Reforzar:** En este paso, los equipos deben identificar cómo pueden reforzar y repetir esos comportamientos en el futuro. Pide que discutan: «¿Cómo puedes aplicar ese recurso o estrategia en otros contextos de venta?», «¿Qué pequeños pasos podrías dar para asegurarte de que lo que funciona se convierta en una práctica habitual?»

5. **Start over** (Empezar de nuevo): Finalmente, cada equipo debe estar listo para empezar de nuevo, buscando continuamente nuevas excepciones o soluciones. Pregunta: «¿Cómo estarás atento para identificar más excepciones en el futuro?»

6. **Compartir en grupo:** Al final, cada grupo debe compartir con el resto de los equipos lo que descubrieron sobre las estrategias que ya están funcionando y cómo planean reforzarlas en el futuro.

169

El secreto de la venta es ser positivamente persistente y persistentemente positivo.

6. Acción
Haciendo camino al andar

La forma de empezar es dejar de hablar y comenzar a hacer.

Walt Disney

LUCES, CÁMARA... ¡ACCIÓN!

A lo largo del libro, hemos ido explorando la importancia de adoptar un *mindset* positivo y cómo trabajar con el enfoque centrado en soluciones puede transformar el desempeño y los resultados de los equipos de ventas. A través de ejemplos y herramientas, hemos visto cómo este enfoque permite a los equipos centrarse en las soluciones más que en los problemas, aprovechando lo que ya funciona y avanzando con pequeños pasos hacia los objetivos deseados.

Hemos analizado cómo, al cambiar la perspectiva y concentrarnos en lo que sí es posible, no solo se mejora el rendimiento individual y colectivo, sino que también se genera un entorno más motivador y constructivo, en el que cada miembro del equipo se siente empoderado para contribuir con sus habilidades y recursos.

Sin embargo, la teoría por sí sola no es suficiente. En este último capítulo, nos centraremos en lo más importante: poner en práctica todo lo que hemos aprendido. Veremos cómo el ECS puede convivir y complementarse con otras metodologías y herramientas que las organizaciones ya utilizan para el crecimiento y la mejora continua. El objetivo es que los equipos de ventas, y las organizaciones en general, puedan mantener un proceso de mejora continua que fomente el crecimiento sostenible y la innovación, todo ello con un enfoque basado en soluciones.

Este último capítulo es una invitación a pasar a la acción, combinando lo aprendido con otras herramientas para potenciar los resultados, mejorar la eficiencia y garantizar que este enfoque se traduzca en una práctica diaria dentro de las organizaciones retail.

GALGOS O PODENCOS

La fábula Los dos conejos, de Tomás de Iriarte, es perfecta para ilustrar la importancia de pasar a la acción y no quedarse atrapado en discusiones irrelevantes:

Por entre unas matas, seguido de perros, no diré corría, volaba un conejo. De su madriguera salió un compañero y le dijo:

—Tente, amigo, ¿qué es esto?

—¿Qué ha de ser? —.

—Sin aliento llego...; dos pícaros galgos me vienen siguiendo.

—Sí—, replica el otro —por allí los veo, pero no son galgos.

—¿Pues qué son?

—Podencos.

—¿Qué? ¿Podencos dices? Sí, como mi abuelo. Galgos y muy galgos; bien vistos los tengo.

—Son podencos, vaya, que no entiendes de eso.

—Son galgos, te digo.

—Digo que podencos.

En esta disputa, llegando los perros, pillan descuidados a mis dos conejos.

Moraleja: Los que por cuestiones de poco momento dejan lo que importa, llévense este ejemplo.

La fábula nos enseña que muchas veces los equipos se distraen en discusiones irrelevantes o en cuestiones de detalle, perdiendo de vista el verdadero problema o el objetivo que deberían estar resolviendo. Estas discusiones, aunque puedan parecer importantes en el momento, solo contribuyen a la parálisis por el análisis y no generan acción.

Por ejemplo, un equipo comercial podría pasar demasiado tiempo discutiendo sobre las estrategias de venta, cuando lo realmente importante es actuar de inmediato para mejorar los resultados, implementando la primera estrategia que vean factible y ajustando después. Al perder tiempo en discusiones, los competidores podrían adelantarse o las oportunidades podrían desaparecer, igual que los conejos que fueron atrapados mientras discutían.

El ECS se enfoca en tomar acción de manera inmediata y progresiva, en lugar de quedarse atrapado en la discusión de los problemas. Al concentrarse en las soluciones y los pequeños pasos que se pueden tomar para mejorar la situación, se evita la inacción que puede surgir cuando los equipos se centran en lo que no funciona o en detalles sin importancia.

En el ECS, no se pierde tiempo debatiendo sobre la naturaleza del problema o discutiendo quién tiene razón. En su lugar, el foco está en avanzar, en dar el siguiente pequeño paso que acerque al equipo a su objetivo. Los conejos de la fábula habrían escapado si no hubieran perdido tiempo discutiendo. En los equipos, sucede lo mismo: lo importante es moverse.

Existen varios ejemplos de empresas que, por comportarse como los dos conejos de la fábula, se vieron atrapadas por la competencia al perder tiempo en discusiones internas o indecisiones estratégicas. Aquí te menciono algunos casos emblemáticos de organizaciones que no supieron pasar a la acción a tiempo y, como resultado, fueron superadas por sus competidores:

- Kodak, una de las empresas más icónicas del siglo xx en el campo de la fotografía, es un claro ejemplo de una organización que se quedó atrapada en la indecisión y el exceso de confianza en su modelo de negocio tradicional. Aunque Kodak fue pionera en el desarrollo de la fotografía digital en los años 70, la empresa se quedó parada en discusiones internas sobre el riesgo que este nuevo formato digital representaba para su negocio tradicional de películas fotográficas. Mientras Kodak debatía y retrasaba la adopción de la fotografía digital, empresas como Canon, Sony y Nikon avanzaron rápidamente en el mercado de cámaras digitales. Como resultado, Kodak perdió su liderazgo y finalmente tuvo que declararse en bancarrota en 2012. Los «perros» de la competencia (empresas que adoptaron la fotografía digital) se comieron el mercado mientras Kodak discutía.

- Nokia fue líder indiscutible en el mercado de teléfonos móviles durante años, pero su incapacidad para adaptarse a la nueva tendencia de los smartphones le costó caro. Nokia estuvo demasiado tiempo debatiendo sobre qué sistema operativo debía usar para competir con el iPhone y los dispositivos Android. Además, su estructura organizativa se volvió burocrática, con muchos ejecutivos debatiendo detalles operativos sin tomar decisiones rápidas sobre su estrategia para la nueva generación de teléfonos. Mientras Nokia se enfrascaba en estos debates internos, Apple lanzó el iPhone en 2007, y Google siguió con el sistema operativo Android, capturando el mercado de smartphones rápidamente. Para cuando Nokia decidió apostar por Windows Phone, ya era demasiado tarde: habían perdido su dominio del mercado frente a competidores más ágiles que no se quedaron atrapados en discusiones. En 2013, Nokia vendió su división de teléfonos móviles a Microsoft, perdiendo su relevancia en el sector.

- Blockbuster, la cadena de alquiler de películas más grande del mundo en su momento, es otro caso emblemático de una empresa que se quedó paralizada mientras el mercado cambiaba a su alrededor. A principios de los 2000, la empresa Netflix realizó una propuesta a Blockbuster para vender su modelo de suscripción de películas por correo. En lugar de ver la oportunidad, los ejecutivos de Blockbuster se obcecaron en discusiones sobre la conveniencia del modelo y continuaron apostando por sus tiendas físicas. Mientras Blockbuster debatía y se resistía al cambio, Netflix evolucionó hacia el *streaming*, lo que transformó la manera en que los consumidores accedían al entretenimiento. En pocos años, Netflix se convirtió en el líder del sector, mientras que Blockbuster, atrapada en su modelo de negocio tradicional, tuvo que cerrar la mayoría de sus tiendas y, en 2010, se declaró en bancarrota.

El mensaje es claro: en un mundo competitivo y en constante cambio, lo peor que puede hacer una organización es quedarse paralizada debatiendo sobre detalles irrelevantes o postergando la toma de decisiones. Lo importante es pasar a la acción y adaptarse al entorno, incluso si las decisiones no son perfectas desde el principio. Tal y como hemos visto, en el enfoque centrado en soluciones, es esencial concentrarse en lo que sí se puede hacer, tomar pequeños pasos hacia adelante y aprender en el proceso. La inacción y las discusiones interminables no generan resultados.

175

TENSIÓN CREATIVA

En su libro *La quinta disciplina*, Peter Senge introduce el concepto de «tensión creativa», el cual es clave en su enfoque del pensamiento sistémico. La tensión creativa se refiere a la brecha entre dos puntos: el lugar donde estamos actualmente (nuestra realidad actual) y el lugar al que queremos llegar (nuestro futuro deseado). Esta brecha, o diferencia, genera una fuerza que nos impulsa a actuar para cerrar la distancia y avanzar hacia nuestra meta.

Para explicar mejor este concepto, Senge utiliza una metáfora de una cinta elástica. Imagina que tienes una cinta elástica que sostienes entre tus dos manos. Una mano representa tu situación actual, es decir, dónde estás ahora. La otra mano representa tu visión del futuro, es decir, el objetivo o lugar al que deseas llegar. La tensión que sientes entre ambas manos, al estirar la cinta elástica, es lo que Senge llama tensión creativa. Esta tensión es necesaria para generar movimiento y acción. Sin embargo, esta tensión puede eliminarse de dos formas:

1. **Acercando la situación actual a la visión del futuro:** Mediante acciones y cambios concretos que cierren la brecha entre lo que es y lo que queremos lograr. Esta es la forma productiva de gestionar la tensión creativa. En lugar de ceder a la frustración, se usa la tensión como una fuerza positiva que impulsa a actuar.

2. **Renunciando a la visión y ajustando las expectativas a la situación actual:** Esta es una manera no productiva de eliminar la tensión, ya que implica soltar la visión y conformarse con la situación actual. Aunque reduce la tensión, lo hace a coste de abandonar o reducir las aspiraciones. En este caso, se deja de avanzar hacia el cambio y se acepta la realidad tal como es, sin buscar mejoras o crecimiento.

Uno de los aspectos más valiosos de la tensión creativa es que proporciona enfoque y dirección. Cuando se tiene una visión clara de lo que se desea lograr y se comprende la situación actual, se puede identificar con mayor precisión qué pasos son necesarios para cerrar esa brecha. Esta claridad evita que las personas se distraigan o se conformen con el estado actual, y en lugar de eso, promueve el progreso hacia la meta. Sin esta tensión, las organizaciones o individuos pueden caer en la complacencia, perdiendo la oportunidad de mejorar o innovar.

Además, Senge destaca la distinción entre la tensión creativa y la tensión emocional. Mientras que la tensión emocional, producto del estrés o la frustración, puede bloquear o paralizar el avance, la tensión creativa es una fuerza productiva que canaliza la energía del deseo hacia un propósito. Es un motor positivo que empuja a las personas a encontrar soluciones y avanzar paso a paso, de forma progresiva, hacia sus objetivos. Esta energía positiva es lo que convierte la tensión creativa en una herramienta poderosa para generar cambios sostenibles y duraderos.

El deseo de mejorar y avanzar es inherente a la naturaleza humana y la tensión creativa lo canaliza de manera eficiente. Cuando hay una visión clara, la tensión no se convierte en algo que debemos evitar, sino en algo que debemos abrazar como una oportunidad de crecimiento. Lejos de ser una presión abrumadora, es una fuente de energía que moviliza el potencial individual y colectivo. Este enfoque orientado hacia el futuro también fomenta la creatividad y la innovación, ya que las personas, al mantener su visión en mente, buscan constantemente nuevas formas de superar los obstáculos y de avanzar.

La clave para gestionar la tensión de manera productiva es mantener firme la visión y usar esa tensión como una fuente de motivación, no de frustración. Para lograr esto, es fundamental:

- **Claridad de la visión:** Mientras más clara sea la imagen del futuro deseado, mayor será la motivación para avanzar. Una visión difusa o poco atractiva puede hacer que las personas suelten la tensión y se conformen con la situación actual. Es importante tener una meta clara que inspire la acción.
- **Realismo sobre la situación actual:** Reconocer con honestidad dónde estás ahora es crucial para entender qué pasos necesitas dar para alcanzar la visión. Si te engañas sobre la situación actual o la minimizas, la tensión no será suficientemente fuerte para generar acción.
- **Pequeños pasos y avances incrementales:** En lugar de tratar de cerrar toda la brecha de una sola vez, es más efectivo tomar pequeños pasos. El enfoque centrado en soluciones es útil aquí porque ayuda a identificar pequeños avances y excepciones que ya están funcionando, lo que permite progresar gradualmente hacia la meta y sin abrumarse.

Pongamos este concepto en acción con un ejemplo práctico. Imagina que un responsable de tienda dirige a un equipo de ventas con bajas tasas de conversión y quiere implementar un cambio para mejorar estos resultados:

1. **Visión:** El responsable tiene una visión clara: aumentar las tasas de conversión del 10% al 20% en los próximos seis meses. Esta es la mano que sostiene la cinta elástica en el futuro deseado.

2. **Realidad actual:** La situación actual muestra una conversión del 10%, con vendedores que se sienten desmotivados y desconectados del objetivo. Esta es la otra mano que sostiene la cinta elástica.

3. **Tensión creativa:** La distancia entre el estado actual y el futuro deseado genera tensión. Pero esta tensión puede convertirse en una fuerza positiva para motivar al equipo a actuar. Si el responsable simplemente se quejara de los resultados actuales, esa tensión sería negativa y se manifestaría como frustración o parálisis. En cambio, puede transformar esta tensión en una oportunidad para el crecimiento del equipo.

4. **Aplicación del ECS:** El responsable comienza con la pregunta sobre el futuro deseado: «¿Cómo se vería un día de ventas si tuviéramos un 20% de conversión? ¿Qué harías diferente?». Esta pregunta ayuda a los vendedores a imaginar ese futuro deseado y visualizar cambios concretos en su comportamiento.

5. **Pequeños pasos:** A partir de ahí, se identifican excepciones (¿Hubo un día en que la conversión fue mayor? ¿Qué se hizo diferente?) y pequeños cambios incrementales para empezar a avanzar hacia la meta, reduciendo la tensión de manera efectiva. El equipo podría acordar acciones simples como hacer una pregunta adicional para entender mejor al cliente o mejorar la forma en que ofrecen productos adicionales.

En resumen, la tensión creativa de Peter Senge y el enfoque centrado en soluciones coinciden en su visión del cambio como un proceso que se enfoca en el futuro deseado y en cómo movilizar a las personas hacia ese futuro. Ambos enfoques reconocen la importancia de gestionar la tensión entre lo que queremos lograr y nuestra realidad actual, utilizando esa tensión como una fuerza positiva para impulsar el cambio.

LA FÓRMULA DEL CAMBIO

En todo proceso de transformación, tanto personal como organizacional, enfrentarse al cambio puede generar resistencias, miedos e incertidumbres. El cambio, aunque necesario para el crecimiento, suele ser percibido como una experiencia incómoda o desafiante. Sin embargo, contar con herramientas que guíen ese proceso puede marcar la diferencia entre un cambio forzado y uno consciente y sostenible. En este contexto, la fórmula de gestión del cambio propuesta por Julio Olalla, uno de los referentes del *coaching* ontológico, ofrece un enfoque práctico y profundo para abordar el cambio desde una perspectiva que integra tanto la voluntad, como el atractivo del objetivo y la confianza en la posibilidad de éxito.

Esta fórmula no solo ofrece claridad sobre cómo avanzar con pasos concretos, sino que también reconoce los desafíos emocionales y prácticos que se presentan en cualquier proceso de transformación. La fórmula de Olalla nos proporciona un mapa claro para superar las resistencias y gestionar los elementos clave que facilitan el cambio. Según esta fórmula, para que un cambio sea posible, se debe tener en cuenta lo siguiente:

- **Voluntad:** Se refiere a la disposición o intención de la persona para llevar a cabo el cambio. Sin voluntad, es imposible comenzar cualquier transformación.
- **Atractivo del objetivo:** El objetivo debe ser lo suficientemente atractivo y motivador como para impulsar a la persona a

actuar. Si el cambio no es deseado o no tiene un beneficio claro para la persona, será difícil comprometerse.

- **Confianza en la viabilidad:** Las personas deben creer que el cambio es posible y alcanzable. Si existe duda sobre la factibilidad del objetivo, la motivación disminuye.
- **Claridad del primer paso:** Tener claro cuál es el primer paso a dar es crucial. A menudo, la falta de acción proviene de la confusión sobre por dónde comenzar.

Estos cuatro factores multiplicados deben ser mayores que:

- **El esfuerzo necesario:** Este es el coste o sacrificio necesario para implementar el cambio. Si el esfuerzo percibido es mayor que la suma de los otros factores es probable que el cambio no ocurra.

180

La fórmula de gestión del cambio de Julio Olalla y el enfoque centrado en soluciones coinciden en que las personas tienen la capacidad interna para resolver sus desafíos y avanzar hacia un futuro deseado. Uno de los pilares de la fórmula de Olalla es la voluntad, es decir, la disposición de las personas a comprometerse con el cambio. En el ECS, esta voluntad se fomenta al orientar las conversaciones hacia lo que sí es posible y en las soluciones que ya están presentes, aunque a veces pasen desapercibidas. Al centrarse en lo que funciona, el ECS genera confianza y motivación, elementos clave para que las personas quieran comprometerse con el cambio.

Según Olalla, el atractivo del objetivo es esencial para motivar a las personas a moverse hacia el cambio. Si el objetivo es claro y deseable, las personas estarán más dispuestas a actuar. En el ECS, este atractivo se trabaja a través de la definición del futuro deseado, donde las personas visualizan cómo sería su situación ideal y lo que notarían si el cambio ocurriera. Al conectar con esa visión positiva del futuro, el objetivo se vuelve inspirador y alcanzable, aumentando su atractivo. Para que el cambio sea posible, las personas deben tener confianza en que pueden lograrlo, un concepto clave en la fórmula de Olalla.

El ECS ayuda a generar esta confianza a través de la identificación de excepciones, es decir, momentos en los que el problema no existió o cuando ya han logrado avances. Al enfocarse en lo que ya han hecho bien y en los recursos disponibles, las personas ganan confianza en su capacidad para enfrentar los desafíos y hacer realidad su futuro deseado.

Olalla subraya la importancia de la claridad en los primeros pasos. En el ECS, esto se traduce en la identificación de pequeñas acciones que las personas pueden realizar inmediatamente para comenzar a acercarse a sus objetivos. Ambos enfoques reconocen que el cambio no ocurre de golpe, sino que se construye gradualmente a través de acciones concretas que generan avances tangibles. Definir el primer paso con claridad es esencial para empezar a caminar hacia la meta. Para que el cambio se lleve a cabo, el esfuerzo involucrado no debe percibirse como mayor que los beneficios. Al centrarse en lo que ya está funcionando y en avances graduales, el esfuerzo se minimiza y se vuelve más asumible, reduciendo la resistencia al cambio.

181

Imaginemos un equipo de ventas que enfrenta el desafío de mejorar la experiencia del cliente en la tienda. La fórmula de Olalla y el ECS pueden trabajar en conjunto para facilitar este cambio. La directora puede comenzar ayudando al equipo a enfocarse en los aspectos positivos de su trabajo, destacando lo que ya está funcionando bien. Al notar que ya están en el camino correcto, la voluntad de cambio aumenta. El equipo define cómo sería la experiencia de compra ideal para los clientes, visualizando un entorno donde los clientes salen satisfechos y recomendando la tienda. Este objetivo claro y atractivo inspira al equipo.

La directora utiliza el ECS para identificar excepciones: momentos en los que el equipo ya ha brindado una experiencia excelente. Esto aumenta la confianza en que pueden replicar esos momentos de éxito. El equipo acuerda implementar una nueva estrategia, como hacer una pregunta personalizada a cada cliente al entrar. Este pequeño primer paso es concreto y fácil de ejecutar. Al dividir el cambio en pequeños pasos manejables y al centrarse en las fortalezas ya presentes, el equipo percibe el esfuerzo como algo factible y motivador.

Este ejemplo ilustra cómo puedes aplicar la fórmula de Olalla y el ECS para evaluar si un cambio tiene posibilidades de éxito en tu tienda o equipo. Debes asegurar que todos los factores estén alineados y superar la barrera del esfuerzo percibido.

OBJETIVOS Y RESULTADOS CLAVE (OKR)

A principios de los años 2000, Google era una joven empresa que comenzaba a dar sus primeros pasos en el mundo de los motores de búsqueda. En ese mismo período, Google introdujo una herramienta que sería clave en su espectacular crecimiento: los OKR (*Objectives and Key Results*, en inglés, u Objetivos y Resultados Clave).

Los OKR no solo ayudaron a Google a organizar sus esfuerzos en sus primeros años, sino que también se convertirían en una parte esencial de su cultura, contribuyendo a que la empresa alcanzara la escala global y el éxito que conocemos hoy.

Los OKR fueron introducidos en Google por John Doerr, un destacado inversor de capital de riesgo. Doerr había aprendido sobre los OKR en los años 70, cuando trabajaba en Intel bajo la dirección de Andy Grove que, a su vez, había desarrollado los OKR como una evolución del sistema de gestión conocido como MBO (*Management by Objectives*) o gestión por objetivos, creado por Peter Drucker.

En 1999, cuando John Doerr invirtió en Google, aconsejó a los fundadores, Larry Page y Sergey Brin, que adoptaran el sistema de OKR para guiar el crecimiento de su empresa. La herramienta les ayudaría a definir objetivos claros y medibles, alinear a los equipos, centrándose en los resultados, sin perder la flexibilidad necesaria para adaptarse en un entorno dinámico como el de la tecnología.

El sistema de OKR se basa en dos componentes clave:

1. **Objetivos (O):** Un objetivo es una declaración clara y ambiciosa de lo que se quiere lograr. Debe ser inspirador, pero alcanzable, y proporcionar dirección a los equipos y a la organización. Los objetivos responden a la pregunta: «¿Qué quiero conseguir?». Deben ser claros, comprensibles y motivadores.

2. **Resultados clave (KR):** Cada objetivo está acompañado de resultados clave, que son métricas específicas que indican si se está logrando el objetivo. Los resultados clave deben ser concretos, cuantificables y limitarse a un número manejable (normalmente entre 3 y 5 por objetivo). Los resultados clave responden a la pregunta: «¿Cómo sé que he alcanzado mi objetivo?».

183

En Google, el uso de los OKR ayudó a la empresa a establecer metas ambiciosas, pero claras, en una etapa en la que el crecimiento exponencial requería una estructura organizativa ágil y efectiva. Los OKR permitieron a Google mantener a todos sus empleados alineados con los objetivos más importantes y medir el progreso de manera continua. Al mismo tiempo, alentaron la innovación y el crecimiento rápido, al tiempo que evitaban que la empresa se dispersara en proyectos sin dirección clara.

A medida que Google creció, los OKR se convirtieron en una herramienta crítica para gestionar el trabajo de equipos que abarcan todo el mundo y que operan en un entorno de constante cambio. Incluso hoy en día, más de 20 años después de su adopción, los OKR siguen siendo parte fundamental de la cultura de Google, y muchas otras empresas tecnológicas y *startups* han adoptado este sistema para gestionar su crecimiento y desarrollo. Algunas de las características clave de los OKR son:

- **Transparencia:** En Google, los OKR son visibles para toda la organización. Esto fomenta la alineación y la colaboración, ya que todos los empleados pueden ver en qué están trabajando los diferentes equipos y cómo sus esfuerzos contribuyen al progreso general de la empresa.

- **Ambición y enfoque:** Los OKR suelen ser ambiciosos y están diseñados para desafiar a los equipos. Google adoptó una regla no escrita que dicta que si logras el 70% de tus resultados clave, estás en el camino correcto. Esto permite que los equipos y los individuos se esfuercen por metas altas sin miedo a fracasar completamente si no alcanzan el 100%.

- **Ciclo corto:** Los OKR se establecen en ciclos trimestrales o anuales, lo que permite una evaluación continua y un ajuste ágil. A diferencia de otros sistemas de gestión más rígidos, los OKR permiten a las organizaciones adaptarse rápidamente a los cambios y reevaluar sus prioridades con frecuencia.

- **No ligados a compensación:** En Google, los OKR no están directamente vinculados a las bonificaciones o compensaciones de los empleados. Esto fomenta la asunción de riesgos y la innovación, sin que los empleados se sientan penalizados si no alcanzan todos sus resultados clave.

La implementación exitosa de los OKR en Google muestra la importancia de tener un sistema de gestión que combine claridad, medición y adaptabilidad. El éxito de Google no fue solo el resultado de su tecnología innovadora, sino también de su capacidad para organizar a sus equipos en torno a objetivos claros y medibles, manteniendo la ambición y la flexibilidad.

Los OKR y el enfoque centrado en soluciones se pueden complementar de manera muy efectiva. Ambos métodos comparten un interés en la acción concreta, la claridad de objetivos y el enfoque en avances graduales hacia el éxito. Vamos a explorar cómo se pueden integrar:

- **Claridad de objetivos:** Los OKR ayudan a las organizaciones a establecer objetivos claros y ambiciosos con resultados clave que son medibles. En el ECS, el primer paso es definir el futuro deseado, que es una visión clara de lo que se quiere lograr. Ambos enfoques se centran en tener una visión específica que actúe como un «norte» para las acciones. El ECS puede ser la herramienta que ayude a definir esa visión inspiradora, trabajando primero en imaginar cómo sería el futuro deseado. Esto prepara el terreno para que los OKR concreten esa visión en objetivos y resultados clave medibles.

- **Resultados clave:** Mientras los OKR establecen resultados clave que deben ser medibles y cuantificables, el ECS se enfoca en identificar los pequeños pasos que pueden llevar hacia ese objetivo. El ECS puede facilitar el avance hacia los resultados clave mediante la detección de excepciones y recursos ya disponibles que no se han utilizado del todo, ayudando a descubrir oportunidades para lograr avances inmediatos.

- **Adaptabilidad:** En los OKR hay una flexibilidad inherente, ya que, si bien los objetivos son ambiciosos, no se espera que se logre el 100%. Alcanzar un 70% o más de los resultados clave ya es visto como un progreso positivo. En el ECS, también hay un enfoque en la adaptabilidad mediante la identificación de soluciones en lugar de problemas, buscando siempre avanzar con los recursos que ya existen. El ECS puede ayudar a los equipos a mantenerse enfocados en las soluciones, incluso si los resultados clave no se están alcanzando plenamente, al reorientar la conversación hacia lo que está funcionando y cómo se puede seguir construyendo sobre eso.

- **Evaluación continua:** Los OKR funcionan en ciclos cortos (trimestrales o semestrales), lo que permite a las organizaciones revisar su progreso regularmente y ajustar los objetivos si es necesario. En el ECS, la pregunta de escala se utiliza para evaluar cómo de cerca está la organización de su futuro deseado, lo que también permite hacer ajustes en función de los recursos disponibles y los pequeños avances realizados. Usar la pregunta de escala en las reuniones de evaluación de OKR podría ser una forma útil para que los equipos valoren no solo cuánto han avanzado hacia sus resultados clave, sino también qué recursos y excepciones han sido fundamentales en ese progreso.

Supongamos que una cadena de tiendas de ropa quiere mejorar la experiencia del cliente tanto en tienda física como en su canal de ventas *online*. Deciden combinar los OKR y el ECS para lograr sus objetivos:

1. **Definir el futuro deseado**

En una reunión del equipo de liderazgo, el mánager les pregunta: «Imaginemos que dentro de seis meses hemos mejorado significativamente la experiencia de compra en nuestras tiendas físicas y digital. Los clientes salen satisfechos, las críticas son positivas, y las ventas han aumentado. ¿Qué cosas estaríamos haciendo de manera diferente en comparación con ahora?»

Las respuestas del equipo fueron:

- «Los clientes disfrutan de una atención más personalizada en las tiendas».
- «El proceso de compra *online* es rápido, eficiente y sin complicaciones».
- «Hemos integrado experiencias en tienda con nuestras plataformas digitales».
- «La tasa de satisfacción de los clientes ha mejorado en un 20%».
- «Nuestras ventas *online* han crecido un 15%».

2. **Establecer los OKR**

Con esta visión clara, el equipo utiliza los OKR para establecer objetivos concretos y resultados clave.

- Objetivo: Mejorar la experiencia del cliente tanto en tiendas físicas como en la plataforma *online* en los próximos seis meses.
- Resultado clave 1: Aumentar la satisfacción del cliente en un 20%, medido a través de encuestas de satisfacción.
- Resultado clave 2: Incrementar las ventas digitales en un 15%.
- Resultado clave 3: Reducir el tiempo de procesamiento y entrega de pedidos *online* en un 30%.

3. **Detección de excepciones y recursos**

Ahora, utilizando el ECS, el equipo identifica excepciones y recursos ya existentes que les puedan ayudar a alcanzar esos resultados clave:

- «En las tiendas de alta facturación, ya hemos implementado un sistema de atención más personalizada que ha sido muy bien recibido».
- «Nuestro equipo de atención al cliente cuenta con suficientes habilidades para gestionar quejas rápidamente».
- «Ya tenemos la tecnología para rastrear la satisfacción del cliente a través de encuestas en la plataforma digital».

Estos son recursos que pueden aprovecharse de inmediato para avanzar hacia los resultados clave.

4. **Escala para evaluar recursos (ECS)**

El equipo ahora evalúa en una escala de 1 a 10 cuánto de cerca creen que están de alcanzar su objetivo. «En una escala de 1 a 10, donde 1 es estar muy lejos de nuestra visión y 10 es estar a punto de lograrlo, ¿dónde nos situaríamos hoy en términos de mejorar la experiencia del cliente?». El equipo se posiciona en un 5, reconociendo que ya tienen ciertos recursos y excepciones que pueden aprovechar, pero que aún queda trabajo por hacer.

5. **Elaboración del plan de acción**

A partir de aquí, el equipo desarrolla un plan de acción que combina pequeños pasos y resultados clave:

- Implementar el sistema de atención personalizada que ya funciona en las tiendas de alta facturación en todas las demás tiendas.
- Lanzar encuestas de satisfacción después de cada compra en la web para comenzar a medir los resultados clave.
- Revisar los OKR trimestralmente para evaluar el progreso y ajustar según sea necesario.

Al combinar los OKR con el ECS, las organizaciones *retail* pueden tener una visión clara de su futuro deseado y establecer metas específicas con resultados clave. El ECS complementa a los OKR al proporcionar una base sólida para identificar recursos existentes, reconocer pequeños avances y construir sobre ellos. Juntos, estos enfoques permiten que las organizaciones no solo definan objetivos ambiciosos, sino que también avancen hacia ellos de manera práctica y adaptable.

LA HERRAMIENTA COMPLEMENTARIA DE LOS OKR

Los CFR (Conversaciones, *Feedback* y Reconocimiento) son una herramienta desarrollada por John Doerr como complemento a los OKR. Mientras que estos se enfocan en definir objetivos ambiciosos y medir el progreso a través de resultados clave, los CFR se centran en el comportamiento humano y el acompañamiento continuo necesario para que esos objetivos se logren con éxito. Los CFR permiten realizar un seguimiento continuo de los procesos de cambio, proporcionando un marco para la retroalimentación constructiva y el reconocimiento de los logros.

Los CFR consisten en tres componentes clave:

1. **Conversaciones (C):** Son diálogos regulares entre mánagers y sus equipos o entre compañeros de trabajo. Estas conversaciones tienen como objetivo revisar el progreso en los OKR, discutir desafíos, identificar oportunidades de mejora y ajustar los objetivos, si es necesario. Estas conversaciones no son evaluaciones formales, sino un espacio para el diálogo abierto y honesto que permite ajustar el rumbo de forma ágil. Su frecuencia varía según el contexto, pero lo ideal es que se realicen en ciclos trimestrales o incluso mensuales para mantener un seguimiento cercano del progreso.

2. **Feedback (F):** Es esencial en cualquier proceso de cambio. Los CFR fomentan un sistema de retroalimentación continua en el que se proporciona feedback tanto de forma ascendente (de empleados a directivos) como descendente (de directivos a empleados). Este feedback no solo debe centrarse en los resultados alcanzados, sino también en los comportamientos, esfuerzos y procesos que están funcionando o que necesitan mejorar. Lo más importante es que el feedback sea específico, relevante y orientado a la mejora, de manera que ayude a los equipos a seguir avanzando hacia los OKR.

3. **Reconocimiento (R):** El reconocimiento es clave para mantener la motivación y compromiso de los equipos. En los CFR, el reconocimiento puede ser formal (premios, bonificaciones) o informal (felicitaciones públicas o agradecimientos directos). Reconocer tanto los pequeños como los grandes avances en el camino hacia los objetivos es fundamental para reforzar los comportamientos deseados y alentar a los equipos a continuar avanzando.

El enfoque centrado en soluciones se complementa perfectamente con los CFR, ya que ambos ponen el foco en el progreso continuo y en el uso de recursos disponibles para avanzar hacia

189

los objetivos. Mientras los CFR proporcionan un marco para las conversaciones regulares y el feedback constructivo, el ECS aporta un enfoque positivo que impulsa a los equipos a encontrar soluciones en lugar de centrarse en los problemas.

En las conversaciones, el ECS puede jugar un papel fundamental, ya que estas conversaciones deben centrarse no solo en los problemas o las metas que aún no se han alcanzado, sino en lo que ya está funcionando y en qué pequeños pasos se pueden dar para avanzar. El ECS proporciona un marco para que las conversaciones no se estanquen en el análisis de lo que está mal, sino que se orienten a lo que ya ha mejorado y cómo se puede replicar. Además, el uso de preguntas poderosas, como la pregunta milagro o la pregunta de escala, permite que las conversaciones sean más productivas y estén enfocadas en el progreso.

Por otro lado, en la fase de feedback, el ECS aporta valor al centrarse en los recursos y excepciones, es decir, en esos momentos en los que las cosas salieron bien y que pueden ser utilizados como base para construir el futuro deseado. En lugar de limitarse a señalar errores o áreas de mejora, el feedback dentro del ECS se centra en lo que la persona ha hecho bien y en cómo puede seguir utilizando esos recursos internos para avanzar hacia sus objetivos. El ECS fomenta un feedback constructivo y motivador, lo que ayuda a las personas a sentirse más seguras en su capacidad para hacer frente a los desafíos.

Finalmente, en el reconocimiento, el ECS y la acción de validar lo que funciona son clave. Reconocer no solo los grandes logros, sino también los pequeños avances y las acciones que han permitido ese progreso, refuerza la confianza de las personas en su capacidad para seguir avanzando. El reconocimiento bajo el prisma del ECS no solo celebra los resultados, sino también los procesos y las soluciones que llevaron a esos resultados, lo que motiva a los equipos a seguir buscando formas de mejorar y a estar atentos a sus propios recursos y fortalezas.

En un ejemplo del *retail*, los CFR y el ECS pueden integrarse perfectamente en la gestión de equipos de ventas: las conversaciones regulares entre el responsable y el equipo pueden centrarse en las interacciones positivas con los clientes, en cómo han superado ciertos obstáculos y en qué más se puede hacer para mejorar la experiencia del cliente. El *feedback* proporcionado, en lugar de ser únicamente correctivo, puede enfocarse en lo que cada vendedor está haciendo bien y en cómo esos comportamientos pueden ser replicados y potenciados. El reconocimiento, finalmente, puede ser dado tanto a nivel individual como de equipo, celebrando cada pequeño avance hacia los objetivos de ventas y reforzando una cultura de mejora continua.

En conclusión, la integración de los CFR y el ECS proporciona un marco sólido para generar conversaciones que fomenten un cambio positivo, *feedback* que impulse el progreso y reconocimiento que refuerce los comportamientos deseados. Al combinar ambos enfoques, las organizaciones pueden crear un entorno en el que el crecimiento no solo se mida en función de los resultados, sino también en el desarrollo y el empoderamiento continuo de las personas, lo que genera un proceso de mejora sostenible y motivador a largo plazo.

LAS PREGUNTAS SON LA RESPUESTA

Las preguntas son una herramienta poderosa para generar transformación y descubrimiento. En el enfoque centrado en soluciones, las preguntas juegan un papel crucial porque, más que buscar respuestas inmediatas, abren la puerta a nuevas perspectivas y a soluciones que ya residen dentro de las personas. A menudo, la solución a un problema no se encuentra en una respuesta directa, sino en el proceso de reflexión y autoexploración que las preguntas provocan.

A continuación, te muestro una conversación —inspirada en *El* mito de la caverna, de Platón— entre un mánager (de nombre Só-crates...) y uno de sus vendedores, donde el poder de la pregunta ayudó al vendedor a salir de su «caverna» y ver más allá de su realidad limitada. El objetivo de estas preguntas en el ECS es acompañar a las personas en su propio proceso de descubrimiento. Las respuestas ya están dentro de ellos; solo necesitan las preguntas adecuadas para guiarles hacia esas soluciones.

Vendedor: No entiendo por qué no logro alcanzar mis objetivos de ventas. Hago lo mismo todos los días, sigo los pasos que se me han enseñado, pero los clientes parecen no responder. Es como si estuviera haciendo todo bien, pero no logro los resultados que quiero.

Mánager: Entiendo que lo que ves ahora te hace sentir que las cosas no van a cambiar. Dime, ¿cómo es tu día a día cuando estás en la tienda? ¿Qué sueles hacer cuando hablas con los clientes?

V: Siempre hago lo mismo. Me acerco, les pregunto si necesitan algo, les doy la información del producto y trato de cerrar la venta. Pero, últimamente, parece que los clientes ni siquiera escuchan, o me dicen que solo están mirando.

M: Imagina por un momento que tu experiencia diaria, lo que ves cada día en la tienda, es como si estuvieras encerrado dentro del local. Lo que percibes, esas interacciones rutinarias y los comportamientos de los clientes, son simplemente reflejos de una realidad más amplia. Lo que ves son solo partes de la situación, y te has acostumbrado tanto a ellas que crees que es lo único que existe. Pero ¿qué pasaría si, por un momento, salieras de la tienda y abrieras tu perspectiva, viendo el mundo exterior con una luz diferente? Fuera de la tienda, verías mucho más de lo que esos reflejos te han mostrado. Tal vez descubrirías que los clientes tienen necesidades o expectativas que no habías visto antes porque estabas centrado solo en lo que siempre has hecho. ¿Qué crees que podrías estar perdiendo de vista mientras sigues enfocado solo en lo que conoces hasta ahora?

V: No lo sé... siempre he trabajado así. He hecho lo mismo durante años, y realmente no veo otra manera de hacerlo.

M: Exactamente. Lo que ves dentro de la tienda parece seguro y familiar, pero, al igual que alguien que ha estado mucho tiempo sin ver la luz del sol, si sales de esa tienda y te expones a una nueva luz, al principio esa luz te puede resultar deslumbrante o incluso dolorosa. Tal vez quieras volver rápidamente a la tienda porque eso es lo que conoces y lo que te resulta cómodo. ¿Qué crees que pasaría si te atreves a enfrentar esa incomodidad inicial?

V: Sería difícil, creo. Me sentiría incómodo porque estoy acostumbrado a hacerlo todo de una forma, y cambiar sería raro. Además, puede que al principio me sienta perdido.

M: Es normal. Salir de lo conocido para ver una nueva realidad puede doler al principio. Es como si los ojos te dolieran al ver la luz después de estar tanto tiempo en la sombra. Pero, una vez que te acostumbras, empiezas a ver cosas que antes no podías ver. Por ejemplo, podrías descubrir que los clientes no están rechazando tus productos, sino que están buscando algo más personalizado o una conexión más cercana.

V: Nunca lo había pensado así. Tal vez estoy tan enfocado en lo que hago cada día que no me doy cuenta de lo que realmente quieren los clientes. Podría intentar preguntarles más sobre lo que buscan, en lugar de limitarme a ofrecerles información de los productos.

M: Eso es un paso hacia esa nueva luz. Al principio te va a incomodar porque es diferente a lo que has hecho siempre, pero si perseveras y sigues observando, empezarás a notar detalles que antes te pasaban desapercibidos. ¿Qué es lo primero que harías de manera diferente la próxima vez que hables con un cliente?

V: Voy a hacer más preguntas. En lugar de empezar a hablar sobre los productos de inmediato, les preguntaré qué es lo que realmente necesitan o qué están buscando. Aunque al principio me sienta fuera de lugar, creo que eso me ayudará a entender mejor cómo puedo ayudarles.

193

M: Exactamente. Estás empezando a salir de lo que haces habitualmente y a ver una realidad más completa. La incomodidad que sientes al principio es señal de que estás creciendo y aprendiendo. Si sigues avanzando y te mantienes firme en esta nueva forma de ver las cosas, poco a poco esa luz dejará de ser incómoda y te acostumbrarás a ver más oportunidades y nuevas formas de conectar con los clientes. La clave está en soportar esa incomodidad inicial para descubrir algo mejor.

V: Lo entiendo. Me da miedo el cambio, pero también veo que, si sigo haciendo lo mismo, seguiré teniendo los mismos resultados.

M: Al principio, duele, pero pronto te darás cuenta de que hay mucho más que ver y aprender fuera de lo que ya conoces. Cuando te abras a nuevas formas de hacer las cosas, verás cómo tus clientes y tú mismo empezaréis a cambiar también.

194

En esta conversación, el mánager guía al vendedor hacia la reflexión utilizando la metáfora de estar encerrado en la tienda y solo viendo las «sombras» de la realidad. El vendedor, al estar atrapado en su rutina diaria, no ve las nuevas oportunidades que hay más allá de lo conocido. El mánager lo desafía a salir de esa «caverna», enfrentar la incomodidad inicial de una nueva perspectiva, y descubrir un mundo de posibilidades más allá de las sombras de sus hábitos.

El mensaje principal es que el cambio puede ser incómodo al principio, pero si el vendedor se atreve a salir de su zona de confort y observa más allá de lo que siempre ha hecho, descubrirá nuevas maneras de mejorar su desempeño, conectarse mejor con los clientes y, finalmente, alcanzar el éxito.

LAS 50 MEJORES PREGUNTAS PARA APLICAR EL ENFOQUE CENTRADO EN SOLUCIONES A LAS VENTAS

A continuación, encontrarás un listado de 50 preguntas cuidadosamente seleccionadas para aplicar el ECS. Estas preguntas están diseñadas para provocar reflexión, abrir nuevas posibilidades y ayudar a las personas a ver lo que antes no veían. En sus procesos de mejora, no se trata de darles respuestas, sino de invitarles a descubrir sus propios recursos y habilidades para avanzar hacia los objetivos que desean alcanzar.

Definición del objetivo
1. ¿Qué te gustaría que fuera diferente en esta situación?
2. ¿Cuál es el objetivo principal que te gustaría alcanzar?
3. ¿Qué te gustaría que fuera mejor dentro de seis meses?
4. ¿Qué tiene que pasar para que te sientas satisfecho con el resultado?
5. ¿Qué impacto te gustaría que tuviera este cambio en tu vida o en tu equipo?

Definición del futuro deseado
6. Imagina que esta noche sucede un milagro y cuando despiertas mañana, el problema ha desaparecido, ¿cómo te darías cuenta?
7. ¿Cómo sabrás que has logrado lo que deseas?
8. ¿Qué sería diferente en tu día a día si este problema ya estuviera resuelto?
9. ¿Qué es lo primero que notarían los demás cuando alcances tu objetivo?
10. ¿Qué estarías haciendo de forma diferente cuando hayas conseguido el cambio que deseas?
11. ¿Cómo afectaría este cambio a las personas que te rodean?

12. ¿Qué notarías en tu entorno que te indicaría que estás avanzando hacia tu meta?

La pregunta de escala

13. En una escala del 1 al 10, ¿dónde te sitúas en relación con tu objetivo?

14. ¿Qué te haría subir un punto en esa escala?

15. ¿Por qué te has dado a ti mismo esa puntuación y no una más baja?

16. ¿Qué podrías hacer hoy mismo para moverte un punto hacia adelante en esa escala?

17. ¿Qué necesitas para pasar del número actual al siguiente en la escala?

18. ¿Qué recursos te han ayudado a llegar a ese nivel en la escala?

19. Si estuvieras en un punto más alto en la escala, ¿qué notarías de diferente?

Identificación de recursos

20. ¿Qué cosas ya están funcionando bien para ti?

21. ¿Qué habilidades o talentos ya posees que te pueden ayudar a alcanzar tu objetivo?

22. ¿Qué recursos internos o externos tienes disponibles para ayudarte a avanzar?

23. ¿Cuándo has resuelto problemas similares en el pasado? ¿Qué hiciste entonces?

24. ¿Qué excepciones puedes identificar en las que el problema no estuvo presente?

25. ¿Quién te ha apoyado en el pasado que podría ayudarte ahora?

Elaboración del plan de acción

26. ¿Cuál sería el primer paso pequeño que podrías dar para acercarte a tu objetivo?

27. ¿Qué podrías hacer hoy mismo que te acerque un poco más a tu meta?
28. ¿Qué parte del plan te resulta más fácil comenzar?
29. ¿Quién podría ayudarte con este primer paso?
30. ¿Qué te haría sentir que estás avanzando en la dirección correcta?
31. ¿Qué barreras puedes anticipar y cómo podrías superarlas?
32. ¿Cómo medirás tu progreso en cada etapa del plan?

Tomar conciencia de los avances
33. ¿Qué ha sido mejor desde la última vez que hablamos?
34. ¿Qué has aprendido de los avances que ya has hecho?
35. ¿Qué es lo que más te ha sorprendido al ver tu progreso?
36. ¿Qué te ha permitido avanzar en esta dirección?
37. ¿Qué harías para celebrar este progreso?
38. ¿Cómo te sientes al mirar hacia atrás y ver lo que ya has logrado?

Preguntas para afrontar dificultades
39. ¿Qué has hecho para sobrellevar este desafío hasta ahora?
40. ¿Qué te ha permitido mantenerte firme cuando las cosas han sido complicadas?
41. ¿Qué es lo que has hecho que te ha ayudado a no rendirte?

Pregunta «¿Qué más?»
42. ¿Qué más podrías hacer para mejorar esta situación?
43. Además de lo que ya mencionaste, ¿qué más crees que podría ayudarte?
44. ¿Qué más ha funcionado en el pasado que podrías aplicar aquí?
45. ¿Qué más podrías aprender de esta experiencia?
46. ¿Qué más te haría sentir que vas en la dirección correcta?

Preguntas circulares

47. Si le preguntáramos a un colega sobre tus avances, ¿qué crees que diría?

48. ¿Qué crees que notaría tu familia cuando comiences a hacer estos cambios?

49. ¿Cómo crees que tus clientes perciben tu esfuerzo por mejorar?

50. Si un amigo cercano estuviera observando tu progreso, ¿qué crees que notaría primero?

¿COMENZAMOS?

Imagina que llegas a tu tienda un lunes por la mañana, después de un fin de semana largo. Estás cansado y, aunque intentas empezar el día con energía, el ambiente en la tienda es gris. Apenas hay sonrisas y las conversaciones son mecánicas y sin entusiasmo. Cuando un cliente entra y hace una pregunta, respondes de manera cortante, casi sin prestar atención, porque simplemente no tienes ganas. A medida que pasan las horas, el día se vuelve más pesado, y terminas la jornada sintiendo que no ha sido productiva ni para ti ni para tus compañeros. Al final, te vas a casa cansado y desmotivado, sin ganas de volver al día siguiente.

Ahora, imagina la misma mañana, pero con una diferencia crucial: desde que llegas, el ambiente es cálido y positivo. Tus compañeros te saludan con una sonrisa, y sientes que hay una energía diferente. Cuando empiezas a interactuar con los clientes, te tomas el tiempo para escucharlos, les das recomendaciones útiles y disfrutas de cada interacción. Al final del día, te sientes más conectado con tu trabajo y satisfecho por haber tenido una jornada productiva. Te vas a casa con una sensación de logro y motivado para volver al día siguiente.

Estos dos ejemplos ilustran el poder del estado de ánimo en el mundo de las ventas. Alice Isen fue una psicóloga estadounidense que dedicó gran parte de su carrera a investigar cómo el estado de ánimo positivo influye en el comportamiento, las decisiones y las interacciones humanas. Sus investigaciones muestran que cuando las personas se sienten bien, no solo son más creativas, sino que también toman mejores decisiones, colaboran más con sus compañeros y disfrutan más de su trabajo.

El ECS se centra en lo que ya está funcionando, en identificar excepciones al problema y en construir desde esos puntos positivos. Si los equipos de ventas, por ejemplo, logran centrarse en sus éxitos, por pequeños que sean, y en las soluciones que ya han encontrado, estarán generando un estado de ánimo positivo que impulsará su capacidad para identificar más soluciones y superar obstáculos.

El estado de ánimo positivo también tiene una función motivadora. Cuando los vendedores se sienten valorados, escuchados y reconocidos por sus pequeños avances, son más propensos a contribuir con ideas, a buscar nuevas maneras de conectar con los clientes y a resolver problemas desde una mentalidad constructiva.

A lo largo de todo el libro, hemos explorado cómo la existencia de un *mindset* positivo y el uso del enfoque centrado en las soluciones pueden transformar la manera en que te enfrentas a los desafíos, ya sea en el ámbito de las ventas, el liderazgo o en la vida cotidiana. No se trata solo de teorizar sobre el cambio, sino de aplicarlo activamente en tu día a día. La clave está en recordar que las soluciones y los recursos ya están dentro de ti y de las personas de tu equipo, y que el estado de ánimo positivo es el motor que impulsará tu creatividad y motivación.

Así que, ahora que finalizas esta lectura, te invito a dar el primer paso, a poner en práctica lo que has aprendido y a comenzar a construir el futuro que deseas, paso a paso, con confianza y enfoque. El momento de actuar es ahora.

+ Tool 17: La fórmula del cambio

LA FÓRMULA DEL CAMBIO

| Voluntad | × | Atractivo | × | Viabilidad | × | Claridad | > | Esfuerzo |

Próximas acciones:

En cualquier equipo de ventas, implementar cambios es fundamental para mejorar el rendimiento, adaptarse a las nuevas necesidades de los clientes y mantenerse competitivo en el mercado. Sin embargo, muchas veces el reto no es solo definir el cambio, sino hacer que el equipo lo acepte y lo implemente de manera efectiva. Aquí es donde el desarrollo de planes de acción cobra una importancia crítica. Un buen plan de acción no solo marca el camino hacia el objetivo, sino que también ayuda a hacer el cambio más factible y motivador para las personas. Si el cambio se presenta como algo abrumador o poco atractivo, el equipo puede resistirse, retrasar su implementación o no comprometerse completamente.

OBJETIVO

Guiar al equipo de vendedores a adoptar un cambio que mejore su rendimiento o comportamiento en la tienda, facilitando que los vendedores encuentren su propia motivación y forma de afrontar el cambio, al tiempo que minimizan el esfuerzo percibido a través de la división en pequeñas acciones.

DESARROLLO DE LA DINÁMICA

1. **Reflexión sobre la voluntad de cambio:** En pequeños grupos, pide a los vendedores que reflexionen sobre su voluntad de aceptar un cambio en sus rutinas o manera de trabajar. Formula preguntas como: «¿Qué os motiva a aceptar un cambio en vuestro trabajo diario?» Cada grupo anota sus respuestas en una cartulina, y después las comparte con los demás para identificar puntos comunes.

2. **Atractivo del objetivo:** Pide a los grupos que evalúen el atractivo del objetivo del cambio propuesto. El objetivo es que los grupos identifiquen elementos que hagan el cambio más motivador para ellos. Puedes preguntar: «¿Qué beneficios o recompensas personales y profesionales podéis obtener de este cambio?».

3. **Evaluación de la viabilidad:** Aquí, los grupos discuten si creen que el cambio es viable y cómo podrían superar los desafíos. Formula preguntas como: «¿Qué obstáculos o dificultades podríais enfrentar para implementarlo?» y «¿Qué recursos o apoyo necesitaríais para que este cambio sea posible?».

4. **Definición del primer paso:** Pide a los grupos que definan claramente los primeros pasos que tomarán para iniciar el cambio. Cada grupo debe proponer un conjunto de acciones claras y alcanzables.

5. **División del esfuerzo en pequeñas acciones:** Para reducir la percepción de que el cambio implica un gran esfuerzo, pide a los grupos que dividan el cambio en pequeñas acciones. Guíalos con preguntas como: «¿Qué tareas o acciones concretas podéis dividir en pequeñas partes para que el esfuerzo sea menor?».

6. **Cierre y compromisos:** Para concluir la dinámica, cada vendedor debe expresar un compromiso individual que incluya una pequeña acción que llevarán a cabo para empezar a implementar el cambio. Pueden formular su compromiso en base a lo discutido en la dinámica.

+ Tool 18: Seguimiento de acciones

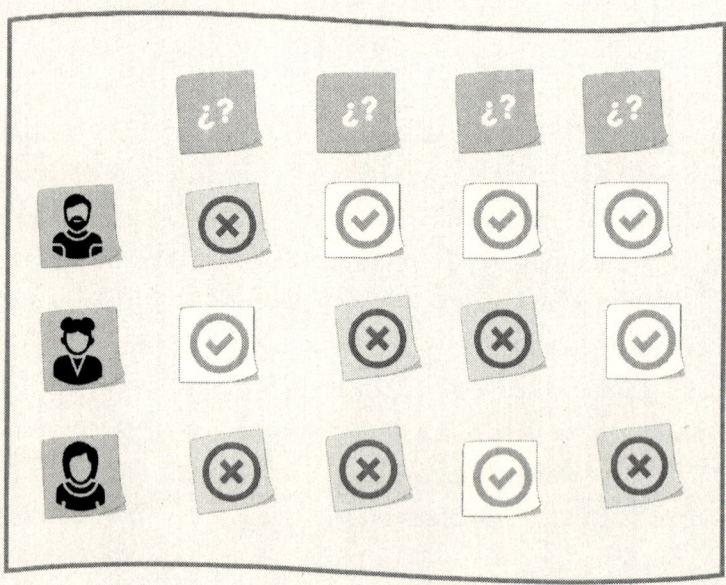

El seguimiento de las acciones previstas en un plan de acción es esencial para asegurar que los objetivos trazados se cumplan de manera efectiva. Cuando se plantea una estrategia para mejorar el rendimiento de un equipo de ventas, no basta con definir las acciones necesarias; es crucial llevar un control regular de su implementación para identificar avances, detectar obstáculos y ajustar el plan en función de los resultados.

Los check lists no solo ayudan a monitorizar el cumplimiento de las acciones, sino que también fomentan una cultura de mejora continua, incrementando la efectividad del plan de acción y asegurando que todos los miembros del equipo estén alineados y comprometidos con los objetivos comunes.

OBJETIVO

Evaluar semanalmente la ejecución de las acciones propuestas por el equipo de ventas, identificar barreras que dificultan su cumplimiento, y analizar la utilidad de las mismas para mejorar el rendimiento y compromiso del equipo.

DESARROLLO DE LA DINÁMICA

1. **Creación del check list:** Crea una tabla de doble entrada en la que se anotarán las acciones clave propuestas en la fila superior y los nombres de los vendedores en la columna izquierda. Esta tabla debe estar visible durante toda la semana en un lugar común de la tienda, para que todos los participantes la puedan ver. Cada celda de la tabla representa el cumplimiento de una acción por parte de un vendedor durante la semana.

2. **Revisión de cumplimientos:** Al final de la semana, en una sesión de equipo, cada vendedor colocará un pósit en la celda correspondiente a su nombre y a cada acción. (Pósit verde, si la acción se ha cumplido; pósit rojo, si la acción no se ha cumplido). Esto permite una visualización clara del nivel de cumplimiento de las acciones por parte de cada vendedor y el estado general del equipo.

203

3. **Reflexión grupal sobre la utilidad de las acciones:** Una vez que todos los vendedores hayan colocado sus pósits, el equipo se reúne para reflexionar sobre el impacto de las acciones cumplidas. El objetivo es que los vendedores vean la relación directa entre el cumplimiento de las acciones y los resultados obtenidos, motivándoles a seguir cumpliendo y mejorando.

4. **Identificación de barreras:** Para aquellos vendedores que hayan colocado pósits rojos, se abrirá una conversación colaborativa para identificar las barreras que les impidieron cumplir con las acciones y generar ideas para superar los obstáculos que puedan estar afectando el cumplimiento de las acciones.

5. **Plan de acción para la siguiente semana:** Después de reflexionar sobre los resultados y las barreras, se ajustarán o reafirmarán las acciones propuestas para la semana siguiente, en función de lo que se haya aprendido. Cada vendedor tomará compromisos concretos para mejorar el cumplimiento de las acciones en la próxima semana.

+ Tool 19: *Feedback* no violento

La Comunicación No Violenta (CNV) es una metodología desarrollada por Marshall Rosenberg que busca mejorar la calidad de las interacciones humanas, promoviendo una comunicación basada en la empatía y el respeto mutuo. Se centra en expresar nuestras necesidades y sentimientos de forma clara y sin juicios, mientras escuchamos a los demás con la misma disposición. La CNV se estructura en cuatro pasos clave: observación objetiva de los hechos, expresión de sentimientos, identificación de necesidades y formulación de una petición concreta.

Objetivo

Utilizar los principios de la Comunicación No Violenta (CNV) para que las personas del equipo den y reciban *feedback* constructivo sobre su desempeño, creando un ambiente de respeto, empatía y colaboración.

Desarrollo de la dinámica

1. **Definición de las reglas:** Establece las reglas para dar y recibir feed-

back. Algunas recomendaciones pueden incluir: Escuchar sin interrumpir, evitar juicios o críticas personales y ser específico en las observaciones. Cada participante puede aportar sugerencias para asegurarse de que el ambiente sea respetuoso y constructivo.

2. **Preparar el feedback**: Cada participante elige a otro compañero del equipo para darle feedback sobre un aspecto concreto de su desempeño. Cada persona debe preparar su feedback siguiendo los cuatro pasos de la CNV:

- Observación: Describir de manera objetiva una situación que hayan observado. Ejemplo: «He notado que esta semana, en varias ocasiones, atendiste a los clientes de manera muy rápida».

- Sentimientos: Expresar cómo se sienten al respecto. Ejemplo: «Me sentí un poco preocupado porque parecía que los clientes no estaban recibiendo toda la atención necesaria».

- Necesidades: Explicar la necesidad detrás del sentimiento. Ejemplo: «Para mí es importante que los clientes sientan que pueden hacer todas las preguntas necesarias y recibir recomendaciones personalizadas».

- Petición: Hacer una petición concreta. Ejemplo: «Me gustaría pedirte que, cuando no haya prisa, dediques un poco más de tiempo a escuchar las necesidades del cliente».

3. **Entrega de feedback en parejas:** Se forman parejas y cada persona ofrece su feedback al compañero, utilizando la estructura de la CNV que prepararon previamente. Una vez que una persona haya dado su feedback, el compañero puede responder, expresando cómo ha recibido el comentario. Aquí es importante que ambas personas se mantengan dentro del marco de la CNV, asegurando que la conversación fluya de manera empática y sin generar tensión.

4. **Compromisos individuales:** Cada participante expresa un compromiso individual relacionado con el feedback recibido. Este compromiso debe ser una acción concreta que estén dispuestos a tomar en la próxima semana para mejorar su desempeño en base a lo aprendido.

 **+ Tool 20: Las habitaciones del cambio**

El modelo de Las cuatro habitaciones del cambio, desarrollado por el psicólogo sueco Claes Janssen, ofrece una visión profunda sobre cómo las personas y los equipos experimentan el cambio a nivel emocional y psicológico. Este enfoque es especialmente útil para entender las distintas etapas que atraviesan los individuos al enfrentarse a situaciones de transformación, ya sea en el ámbito personal o profesional, y cómo cada una de estas fases afecta a su capacidad para adaptarse al cambio.

Objetivo

Ayudar a los equipos de ventas a identificar en qué fase del proceso de cambio se encuentran, analizar su disposición a afrontar el cambio y trabajar en acciones concretas para avanzar hacia una integración efectiva del cambio.

Desarrollo de la dinámica

1. **Introducción:** Explica que cada cuadrante representa una fase distinta del proceso de cambio, y cómo estas fases influyen en la dis-

posición de los miembros del equipo para afrontar los cambios en su entorno de trabajo. Los cuadrantes representan:

- Habitación de la Satisfacción (arriba a la izquierda): Las personas están bien y no quieren cambiar.

- Habitación de la Negación (abajo a la izquierda): Las personas no están bien pero no quieren afrontar el cambio.

- Habitación de la Confusión (abajo a la derecha): Las personas no están bien, pero están dispuestas a afrontar el cambio.

- Habitación de la Renovación (arriba a la derecha): Las personas están bien y están dispuestas a afrontar el cambio.

2. **Autoevaluación:** Pide que reflexionen sobre su estado actual con respecto a los cambios que se están implementando. Luego, cada participante debe colocar una nota adhesiva en el cuadro visual de las cuatro habitaciones, en el cuadrante que mejor represente cómo se siente en relación con el cambio. Esto permitirá ver de manera clara cómo se distribuyen los vendedores en las diferentes fases.

3. **Reflexión:** Divide al equipo en grupos pequeños según la habitación en la que se encuentran. Dentro de cada grupo, los participantes discutirán las razones por las que se sienten en esa fase, cómo ven su situación y qué creen que necesitarían para avanzar.

4. **Análisis de equipo:** Propón al equipo un análisis que sirva para movilizar a las personas de cada grupo. Puedes utilizar las siguientes preguntas como guía:

- Satisfacción: ¿Qué podríamos hacer como equipo para que estas personas vean el valor del cambio?

- Negación: ¿Cómo podemos apoyar a estas personas para que acepten el cambio?

- Confusión: ¿Qué acciones concretas podemos tomar para ayudar a estas personas a ganar claridad y confianza en el cambio?

- Renovación: ¿Qué experiencias positivas pueden compartir quienes ya han abrazado el cambio para inspirar a los demás?

El éxito no espera por nadie y menos por los que esperan a que les llegue.